세상에서 가장 쉬운 알짜빼기

데이터분석 준전문가 (ADsP) 합격비법서

최신 기출문제 풀이 포함

세상에서 가장 쉬운 알짜빼기

데이터분석 준전문가 (ADsP) 합격비법서

최신 기출문제 풀이 포함

저자 **서영광**

(주)교학도서

머리말

수험생 여러분, 안녕하세요? 이 책을 선택해 주셔서 진심으로 감사합니다.

먼저, 여러분께 묻고 싶습니다. 이 자격증을 왜 취득하려고 하시나요?

취업을 위해서, 학교에서 인정받기 위해서, 가산점을 위해서, 아니면 개인적인 성장을 위해서일까요?

모두 중요한 이유입니다. 그렇다면 이런 목표를 달성하기 위해 가장 중요한 것은 무엇일까요? 바로 자격시험에 합격하는 것입니다.

수험생 여러분은 일상생활과 시험공부를 병행하고 있습니다. 따라서 단기간에 효율적으로 공부하여 합격하는 것이 무엇보다 중요하겠죠. 저도 여러분과 마찬가지로 자격증 취득이 처음에는 어려웠지만, 시간이 지나면서 자격증 공부가 습관이자 즐거움이 되었습니다. 자격증을 하나, 둘씩 취득하면서, 공부 방법이 다소 비슷하다는 것을 깨닫게 되었고, 그 과정에서 많은 IT 자격증을 효율적으로 취득할 수 있었습니다.

대부분의 수험서는 자격증이 제시하는 목차의 모든 이론을 다루고 있지만, 저는 기출문제를 분석하고 필요한 이론만 정리해 학습하는 방법을 선호합니다. 국가에서 주관하는 시험의 경우, 이전 문제와 크게 다르지 않은 '문항 지지도'라는 개념이 존재하기 때문에, 이를 활용해 기출문제를 중심으로 학습하는 것이 효과적이라는 것을 알게 되었습니다. 이런 방법으로 많은 자격증을 취득할 수 있었고, 제가 가르치는 학생들도 이 방법으로 좋은 성과를 내고 있습니다. 실제로 1년에 9개의 자격증을 취득한 학생도 있었습니다.

이제는 저의 경험과 방법을 더 많은 분과 나누고자 이 책을 집필하게 되었습니다. 이 책은 핵심 알짜배기 이론과 기출문제 풀이를 통해 여러분이 자격증을 쉽고 빠르게 취득할 수 있도록 구성되었습니다. 지금부터 이 책을 통해 시험공부를 시작하고, 목표를 달성하는 기쁨을 누리시길 바랍니다.

이제 책의 사용법을 참고해 학습 계획을 세우고, 자격증 취득의 첫걸음을 내디뎌 봅시다!

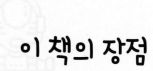

이 책의 장점

이 책은 IT 자격증을 20개 이상 취득한 저자의 풍부한 경험과 노하우를 바탕으로, 실제 교육 현장에서 검증된 내용을 담아 초단기 학습을 목표로 한 자격증 수험서입니다. 이 책의 주요 장점은 다음과 같습니다.

1. 검증된 핵심 개념: 이 책은 베테랑 저자가 직접 작성한 핵심 개념을 담고 있으며, 자격증 취득에 성공한 교사와 학생들에 의해 여러 차례 검증되었습니다. 시험에 자주 출제되는 문장으로 구성되어 문제를 풀 때 정답을 쉽게 떠올릴 수 있도록 도와줍니다. 불필요한 내용을 배제하고 합격에 필요한 지식을 전달하며, 비전공자도 쉽게 이해할 수 있도록 친절하게 설명하였습니다.

2. 새롭게 해석한 기출문제 풀이: 기존의 문제 풀이 방식과는 달리, 이 책에서는 기출문제를 새롭게 해석하여 풀이했습니다. 핵심 개념과 자연스럽게 연결된 풀이를 통해 암기가 쉽도록 구성되어 있으며, 어려운 계산 문제도 필요한 공식과 간단한 팁을 제공하여 기본 개념을 외우듯 쉽게 학습할 수 있습니다.

3. 실전에서 얻은 노하우: 저자가 자격증을 취득하며 겪었던 어려움과 그 해결 방안을 담아, 시험에 실질적으로 도움이 되는 실전 노하우를 제공합니다. 이를 통해 독자들은 더 쉽게 합격에 다가갈 수 있습니다.

4. 활발한 소통 공간 운영: 저자는 독자들과의 소통을 위해 SNS를 활발히 운영하고 있습니다. 학습 중 궁금한 사항이나 어려운 점이 있을 때 언제든지 질문하시면, 성실히 답변하고 소통하겠습니다.

5. 인터넷 무료 강의 제공: 핵심 개념을 더욱 쉽게 학습할 수 있도록 저자는 인터넷 무료 강의 유튜브 채널을 운영하고 있습니다. 혼자 공부하기보다는 강의를 통해 더 편하고 즐겁게 공부하여 학습 효과를 높일 수 있습니다.

※ SNS 주소는 아래와 같습니다.

블로그: https://blog.naver.com/it_tape
인스타그램: https://www.instagram.com/it__tape/
유튜브: https://www.youtube.com/@테이프-f9b

이 책은 단기간에 자격증을 효과적으로 취득하고자 하는 여러분에게 최고의 파트너가 될 것입니다.!

책 사용법

자격증을 단기간에 취득하기 위해서는 기출문제 분석이 가장 중요합니다. 일반적으로는 기출문제를 먼저 풀고 분석한 후에 공부하는 것이 전통적인 방법일 것입니다. 하지만, 이 책은 여러분이 좀 더 효율적으로 공부할 수 있도록 특별히 준비되었습니다. 제가 먼저 기출문제를 철저히 분석하고, 그중에서 핵심 개념을 추출해 정리했습니다. 실제 시험에 출제될 가능성이 높은 문장들로 구성했고, 그 양도 최소화했습니다. 따라서, 여러분은 다음과 같은 순서로 공부하시면 됩니다.

1단원:

핵심 개념 1회 정독 후, 연습 문제 풀이

핵심 개념 2회 정독 후, 기출문제 1단원 2~3회 풀이

핵심 개념 3회 정독 후, 기출문제 1단원 나머지 모두 풀이

2단원:

핵심 개념 1회 정독 후, 연습 문제 풀이

핵심 개념 2회 정독 후, 기출문제 2단원 2~3회 풀이

핵심 개념 3회 정독 후, 기출문제 2단원 나머지 모두 풀이

3단원:

핵심 개념 2회 정독 후, 연습 문제 풀이

핵심 개념 3회 정독 후, 기출문제 3단원 2~3회 풀이 (같은 문제를 2회씩 풀어 보세요)

핵심 개념 4회 정독 후, 기출문제 3단원 나머지 모두 풀이 (같은 문제를 2회씩 풀어 보세요)

시험 하루 전에는 알짜배기 핵심 개념을 정리하세요. 3단원 기출문제를 2회씩 푸는 이유는, 이 책의 핵심 개념에서 계산 문제를 다루지 않기 때문에 기출문제를 통해 연습해야 하기 때문입니다. 대부분의 책이 계산 문제를 상세히 다루지만, 기출문제 풀이만으로도 충분히 해결할 수 있으며, 몇 문제를 틀리더라도 합격에는 큰 지장이 없습니다.

위에서 언급한 공부법을 추천하는 이유는 데이터 분석 준전문가 자격증의 모든 단원이 서로 연관되어 있기 때문입니다. 1단원의 문제가 3단원에 다시 나오는 등, 각 단원이 유기적으로 연결되어 있습니다. 그래서 핵심 개념을 다 읽은 후에 한꺼번에 문제를 풀기보다는, 각 단원을 반복해서 학습하는 것이 더 효과적입니다. 교육학 연구에 따르면, 같은 내용을 짧은 간격으로 여러 번 반복할 때, 장기 기억으로 전환되는 효율이 높다고 합니다. 저 역시 이러한 방법으로 자격시험을 공부했을 때, 큰 효과를 보았습니다.

이제, 이 책의 사용법대로 공부하여 단기간에 합격의 기쁨을 누리시길 바랍니다!

차례

PART 01   핵심 이론 + 핵심 문제

3과목: 데이터 분석

PART 02 과년도 + 최근 기출문제

PART 01

핵심 이론 + 핵심 문제

단원 TIP 1단원은 나오는 문제가 정해져 있으며, 2, 3단원에 비해 어렵지 않다. 문제 수가 10문제 + 단답 2문제라 중요하지 않으리라고 생각할 수 있다. 하지만, 여기서 최소 80, 90점이 나와야 3단원에서 나오는 신경향에서 감점을 받더라도 합격할 수 있으니 핵심 개념을 3~4회 정독하고 문제 유형을 파악하도록 하자.

1.1 데이터 이해

DIKW(데이터, 정보, 지식, 지혜) 피라미드의 개념들은 반드시 출제되는 유형이다. 개념을 물어보는 문제와 예제를 물어보는 문제가 모두 출제되니 정확하게 파악하자.

- 데이터(Data): 단순한 사실 또는 객체를 나타내는 것으로 가공되기 전의 자료를 말한다.
  - 예) A문구의 연필 500원, B문구의 연필 1000원
- 정보(Information): 데이터 가공 및 상관관계의 이해를 통해 패턴을 인식하고 그 의미를 부여하는 데이터이다.
  - 예) A문구의 연필이 B문구보다 저렴하네?
- 지식: 정보들을 상호 연결하여 정보들을 분류하고 패턴을 발견하는 것을 말한다.
  - 예) 저렴한 A문구에서 연필을 사야겠어
- 지혜: 지식과 아이디어를 깊게 이해하고 결합한 창의적 아이디어를 말한다.
  - 예) A문구의 다른 상품도 B문구보다 저렴할 것이다.

- 위 과정을 계층 구조로 나타내면 DIKW 피라미드가 된다.

- 데이터 양의 단위: 데이터 양의 순서를 묻는 문제도 가끔 나온다.

  - ■ B(바이트)〈KB(킬로바이트)〈MB(메가바이

증가율
(Wisdom)

지식
(Knowledge)

정보
(Information)

데이터
(Data)

트)〈GB(기가바이트)〈TB(테라바이트)〈PB(페타바이트)〈EB(엑사바이트)〈ZB(제타바이트)〈YB(요타바이트)이다.

1.2 데이터의 유형과 알고리즘

데이터의 유형과 알고리즘 역시 객관식에서 자주 나오는 개념이다.

■ 데이터의 유형
- 정성적 데이터(qualitative data): 언어·문자 등 비정형 데이터, 상대적으로 많은 비용과 기술적 투자가 수반된다.
- 정량적 데이터(quantitative data): 수치·도형·기호 등, 저장·검색·분석 활용에 용이하다.
- 데이터는 지식 경영의 핵심 이슈인 암묵지와 형식지의 상호 작용에 중요한 역할을 한다.
- 암묵지: 학습과 체험을 통해 개인에게 습득된 무형의 지식, 과학적 발견을 뜻하며 아직 밖으로 드러나기 전이다.
- 형식지: 형상화된 지식을 뜻하며, 유형의 대상이 있어 지식을 전달하고 공유할 수 있다.

*암묵지는 공통화, 내면화, 형식지는 표출화, 연결화된 것이다. 위와 같은 방식이 아닌 것을 물어보는 문제가 자주 출제되므로 앞 글자를 따서 공표연내를 암기하자.

■ 데이터 알고리즘
- 유전 알고리즘: 최적화가 필요한 문제의 해결책을 자연 선택, 돌연변이 등과 같은 메커니즘을 통해 점진적으로 진화시켜 나가는 방법이다.
  예) 최대의 시청률을 얻으려면 어떤 프로그램을 어떤 시간대에 방송해야 하는가?
- 기계 학습: 훈련 데이터로부터 학습한, 알려진 특성을 활용해 '예측'하는 데 초점을 둔다.
  예) 기존 시청 기록을 바탕으로 시청자는 보유한 영화 중 어떤 영화를 가장 보고 싶어 할까?
- 회귀 분석: 독립 변수를 조작하여 종속 변수가 어떻게 변하는지를 보며 두 변인의 관계를 파악하는 분석이다. 이러한 것은 상관관계가 아닌 인과 관계를 파악하는 것이다. 회귀 분석은 선형성, 독립성, 등분산성, 비상관성을 가정하며, 산점도가 나팔 모양이면 등분산 가정이 무너진다.
  예) 구매자의 나이가 구매 차량의 타입에 어떤 영향을 미칠까?

- 감정 분석: 특정 주제에 대해 말하거나 글을 쓴 사람의 감정을 분석한다.
  ⑩ 새로운 환불 정책에 대한 고객의 평가는 어떤가?
- 소셜 네트워크 분석 (SNA): 자주 나오는 개념이다. 고객들 간 소셜 관계를 파악하고 분석한다. SNA를 파악하는 방법으로 연결 중심성, 근접 중심성, 매개 중심성, 고유 벡터 중심성이 있다. SNA의 개념, 파악하는 방법은 시험에 자주 나온다.
  ⑩ 특정인과 다른 사람이 몇 촌 정도의 관계인가?

1.3 데이터베이스

데이터베이스의 정의를 묻는 단순한 문제와 특징 네 가지를 묻는 문제가 나온다.

- 데이터베이스: 텍스트, 숫자, 이미지, 동영상 등 정보를 저장하는 지식 베이스이다. 데이터의 저장 형태는 2차원 테이블 형태와 key, value 형태가 있다.
- 데이터베이스의 특징
- 통합된 데이터(통합 데이터): 동일한 내용의 데이터가 중복되어 있지 않음을 말한다.
- 저장된 데이터(저장 데이터): 컴퓨터가 접근할 수 있는 저장 매체에 저장하여 보관하는 것을 말한다.
- 공용 데이터: 여러 사용자가 서로 다른 목적으로 데이터베이스의 데이터를 공동으로 이용할 수 있는 것을 말한다.
- 변화되는 데이터(운영 데이터): 새로운 데이터의 삽입, 기존 데이터의 삭제, 갱신으로 변화가 일어날 때, 동시에 현재의 정확한 데이터를 유지하는 특성을 말한다.
- DBMS: DBMS는 사용자가 쉽게 데이터베이스를 관리할 수 있는 시스템으로 종속성을 제거하여 데이터의 중복성을 최소화하는 독립성을 가진다.
- 데이터베이스의 장점
- 쉬운 정보의 이용, 관리, 기술 발전, 경제, 산업적 측면에서 효율적이고 유용하게 이용할 수 있다.

1.4 기업 데이터베이스

기업 데이터베이스는 OLTP, OLAP, CRM, SCM, ERM 개념을 묻는 문제가 출제된다. 단답형으로도

자주 나오는 문제이니 개념을 확실하게 알아 두자. 기업의 전략 도출을 위해 고려해야 할 사항은 고객 니즈의 변화, 경제 사회 트렌드, 인구 통계학적 변화가 있다.

- OLTP: 정보의 수집과 이를 기업 내에서 공유하기 위한 경영 정보 시스템(MIS), 생산 및 정보 통합 단순 자동화를 말한다. *공유, 자동화가 키워드
- OLAP: OLTP보다 나중에 등장한 것으로 단순히 정보를 수집하는 것이 아니라, 정보의 분석을 중심으로 하는 기업 시스템이다. *분석이 중요 키워드
- CRM: 고객의 관계를 관리하는 것이다. (기업 내부)
- SCM: 단답형으로 1, 2, 3단원 모두 자주 나오는 개념이다. SCM은 기업에서 공급망 관리를 위한 것이다. (기업 외부)
- ERP: 기업 전체를 통합적(전사적)으로 관리하여 경영을 효율화하는 것이다.

1.5 데이터의 가치와 미래

빅 데이터의 개념, 3V, 데이터 발전으로 인한 사회 변화 중 옳지 않은 것을 묻는 문제가 객관식으로 나온다.

- 빅 데이터: 일반적인 데이터베이스 소프트웨어로 저장, 관리, 분석할 수 있는 범위를 초과하는 규모의 데이터이다. 빅 데이터 활용에 필요한 기본 3요소로 데이터, 기술, 인력이 있다. (빅 데이터는 산업 혁명의 석탄, 철, 원유, 렌즈, 차세대 혁신 플랫폼으로 비유된다.)
- 3V는 데이터의 양(Volume), 데이터 유형과 소스 측면의 다양성(Variety), 데이터 수집과 처리 측면에서의 속도(Velocity)를 뜻한다. 3V 등장으로 인해 새로운 데이터 처리, 저장 기술인 클라우드 컴퓨팅 기술과 *데이터 사이언스 같은 새로운 학문이 등장하고, 데이터 중심 조직이 등장하게 되었다.
- 데이터 사이언스: 데이터에서 의미 있는 정보를 추출하는 학문이다. 데이터를 분석하는 하드 스킬, 분석한 데이터를 정확성보다는 통찰력 있게 분석하고 설득력 있게 전달하는 스토리텔링, 다분야간 협력 등 소프트 스킬 역량이 요구된다. 여기서, 소프트 스킬의 중요성이 현재 떠오르고 있으며, 통찰력 분석 + 설득력 있는 전달, 다분야간 협력 3가지 요소를 암기해 두자.
- 사전 처리 ⇨ 사후 처리, 표본 조사 ⇨ 전수 조사, 질 ⇨ 양, 인과 관계 ⇨ 상관관계로 데이터 수집 및 처리 방법이 변화되었다.

- 빅 데이터의 등장으로 제조, 금융, *에너지(트레이딩, 공급, 수요 예측 키워드로 출제), 지리, 교통, 의료, 교육, 행정 등의 발전에 데이터베이스 구축 및 빅 데이터 활용이 확대되고 있다. 여기서, 교통 부문의 지능형 교통 정보 시스템(ITS), 무선 전자 태그(RFID), 금융 관련 신기술인 블록체인과 핀테크를 묻는 문제도 나온다.
- 지능형 교통 정보 시스템(ITS): 통신을 활용해 자동차와 자동차, 자동차와 기반 시설이 정보를 주고 받으며 위험 요소, 돌발 상황 등을 사전에 감지하도록 연결해 주는 시스템을 말한다.
- 무선 전자 태그(RFID): 사물에 태그를 부착하고 전파를 이용하여 사물 및 주변 상황 정보를 감지하고 필요한 정보를 수집, 저장, 가공 축적함으로써 사물에 대한 측위, 원격 처리 관리, 사물간 정보 교환 등 다양한 서비스를 제공하는 시스템을 말한다.
- 블록체인: 거래 정보를 하나의 덩어리로 보고 마치 블록체인처럼 차례로 연결한 거래 장부이다. 모든 사용자에게 거래 내역을 보내 주며 거래 때마다 이를 대조해 데이터 위조를 막는 기술이다.
- 핀테크: 금융과 기술의 합성어로 예금, 대출, 자산 관리, 결제, 송금 등 다양한 금융 서비스가 IT, 모바일 기술과 결합된 새로운 유형의 금융 서비스를 뜻한다.

1.6 빅 데이터의 위기

빅 데이터의 위기와 통제 방안, 어려움 등 3가지가 자주 나온다.

- 빅 데이터의 위기 3가지
- 사생활 침해: 데이터 수집이 신속 용이하고, 양이 증대됨에 따라 개인의 사생활 침해 위협뿐만 아니라 침해 범위가 사회 · 경제적 위협으로 변형될 수 있다.
- 책임 원칙 훼손: 빅 데이터 기반 분석과 예측 기술이 발전하면서 정확도가 증가한 만큼, 분석 대상이 되는 사람들이 예측 알고리즘의 희생양이 될 가능성이 있다.
  예 범죄를 저지를 확률이 있다고 해서 체포할 수 있을까?
- 데이터 오용: 데이터 과신, 잘못된 지표의 사용으로 인한 잘못된 인사이트를 얻어 비즈니스에 적용할 경우 책임질 수 없는 손실이 발생할 수 있다.
- 통제 방안 4가지
- 동의 ⇨ 책임: '개인 정보 제공자의 동의'를 통해 해결하기보다 '개인 정보 사용자의 책임'으로 해결한다.
- 결과 기반 책임 원칙: 특정인의 '성향'에 따라 처벌하는 것이 아닌 '행동 결과'를 보고 처벌

한다.
- 알고리즘 접근 허용: 알고리즘 접근권 보장 및 알고리즘에 의한 불이익을 당한 사람들을 대변해 피해자를 구제할 수 있는 능력을 가진 전문가인 알고리즈미스트 필요하다.

*알고리즈미스트를 따로 묻는 문제가 가끔 출제된다.
- 사생활 침해를 막기 위해 개인 정보를 난수화(무작위) 처리한다.
 · 빅 데이터 가치 측정이 어려운 이유 5가지
- 데이터 재사용이 발생하면 측정이 어렵다.
- 데이터 재조합이 발생하면 측정이 어렵다.
- 데이터가 다목적용으로 활용, 개발되기에 측정이 어렵다.
- 데이터에서 새로운 가치가 창출될 수 있어 측정이 어렵다.
- 분석 기술이 빠르게 발전하여 가치 측정이 어렵다.

1.7 기타 시험에 출제된 데이터 분석 용어들

기타 용어라고 해서 참고만 하는 주제가 아니다. 시험에 자주 나오는 핵심 용어들을 추출하여 요약한 것으로 반드시 암기하고 넘어가야 한다.

· 딥 러닝의 종류: 객관식에서 딥 러닝의 종류가 아닌 것을 묻는 문제가 자주 나오며 이는 3단원 개념들이다. K-NN, 분석 기법과 SVM은 딥 러닝과 관련이 없다. LSTM, Autoencoder, RNN은 딥 러닝과 관련이 있다.
· K-NN은 근처에 있는 이웃 값을 분석하여 모형을 구성하는 것으로 게으른 학습(Lazy Learing) 기법을 사용한다. K값을 크게 할수록 과소 적합, K값이 작을수록 과대 적합 문제가 발생한다.
· 데이터 마스킹: 데이터의 속성은 유지한 채 익명 또는 특수 문자로 대체하는 것이다. 우리가 홈페이지에 로그인할 때 비밀번호 *로 로그인하는 것을 생각하면 된다.
· 데이터 웨어하우스: 기업의 의사 결정 지원, 통합적이며 시간성을 가지는 비휘발성 데이터의 집합을 말한다.

*특정 주제를 위한 데이터 웨어하우스의 소규모 버전 ⇨ 데이터 마트
· Cinematch: 넷플릭스에서 개발한 추천 알고리즘을 말한다.
· 데이터 마이닝: 단답, 객관식 모두 자주 나오는 중요 개념이다. 결과를 예측하기 위해 대량의 데이터 세트에서 이상점과 패턴 및 상관관계를 찾아내는 과정 또는 분석 기법을 말한다. 이를 통해 수익 증대, 비용 절감, 위험 감소 등의 효과를 나타낼 수 있다.

- 머신 러닝: 사람이 아닌 기계에게 많은 양의 데이터를 제공하여 명시적으로 프로그래밍하지 않고 신경망과 딥 러닝을 사용하여 시스템이 자율적으로 학습하고 개선하는 것이다. (데이터 마이닝과 머신 러닝은 서로 비슷하게 생각할 수 있으나, 데이터 마이닝은 패턴, 상관관계라는 키워드가 있고, 머신 러닝은 자율 학습이라는 키워드가 있다.) 머신 러닝 학습 모델이 복잡할수록 분산은 높고, 편향은 낮다.
- 머신 러닝에서 군집 분석은 비지도 학습이고 나머지 분류 분석, 감정 분석, 회귀 분석 모두 지도 학습에 해당되는 머신 러닝 학습이다.
- 사물 인터넷(IoT): 인터넷으로 연결된 기기(사물)마다 통신 장치를 갖추고 있는 환경에서 사람 또는 기계끼리 자동으로 통신하는 기술로써 사물과 사람, 사물과 사물 간의 정보를 상호 소통하는 방식이다.
- 정보 전략 계획(ISP): 기업의 경영 목표 달성에 필요한 전략적 주요 정보를 포착하고, 주요 정보를 지원하기 위한 전사적 관점의 정보 구조를 도출하며, 이를 수행하기 위한 전략 및 실행 계획을 수립하는 전사적인 종합 정보 추진 계획을 의미한다.
- 프레이밍 효과: 동일한 사안이라고 해도 제시되는 방법에 따라 그에 관한 해석이나 의사 결정이 달라지는 왜곡 현상을 말한다.
- 분석 성숙도 진단 단계: 도입 ⇨ 활용 ⇨ 확산 ⇨ 최적화
  - 최적화: 분석을 진화시켜 조직의 혁신과 성과 향상에 기여하는 단계를 말한다.
- 기울기 소실 문제: 신경망 모델의 학습을 위한 역전파 과정에서 오차를 더 줄일 수 있는 가중치가 존재함에도 기울기가 0이 되어 버려 더 이상 학습이 진행되지 않는 문제를 나타내는 용어이다.

1.8 1과목 데이터 이해 핵심 문제

1. DIKW 피라미드 계층 구조의 요소와 사례를 연결한 것으로 옳은 것은?

> (가) A마트의 건전지가 B마트 것보다 3000원 더 싸다.
> (나) A마트의 건전지가 B마트보다 싸다.
> (다) A마트 것으로 구매한다.
> (라) 대체적으로 A마트의 물건이 B마트보다 싸다.

① (기)지혜 −(니)데이디 −(다) 지식 −(라) 정보
② (가)정보 −(나)데이터 −(다) 지식 −(라) 지혜
③ (가)데이터 −(나)정보 −(다) 지식 −(라) 지혜

④ (가)지식 –(나)데이터 –(다) 정보 –(라) 정보

정답 ③

해설 DIKW 구별 문제는 필수로 등장한다. (가)는 가격에 대한 단순한 사실을 나타내는 데이터이며, (나)는 사실에 대해서 싸다는 의미를 부여한 정보이다. (다)는 정보를 통해 적용할 수 있는 지식이며, (라)는 지식을 통해 다른 곳에도 전이시킬 수 있는 지혜이다.

2. 다음 중 딥 러닝(Deep Learning)과 가장 관련이 없는 분석 방법은?

① LSTM   ② SVM

③ Autoencoder   ④ RNN

정답 ②

해설 SVM은 지도 학습 머신 러닝 모델이며, 딥 러닝 기반의 모델이 아니다.

3. 데이터베이스의 특징에 관한 설명으로 알맞지 않은 것은?

① 데이터베이스는 저장된 데이터이다. 이것은 자기 디스크나 자기 테이프 등과 같이 컴퓨터가 접근할 수 있는 저장 매체에 저장된다는 것을 의미한다.

② 데이터베이스는 통합된 데이터이다. 이것은 데이터베이스에서 같은 내용의 데이터 중복이 허용됨을 의미한다.

③ 데이터베이스는 공용 데이터이다. 이것은 여러 사용자가 서로 다른 목적으로 데이터베이스에 접근하여 데이터를 공동으로 이용하는 것을 의미한다.

④ 데이터베이스는 운영 데이터이다. 이것은 한 조직의 고유한 기능 수행에 필요한 데이터를 의미한다.

정답 ②

해설 통합된 데이터는 중복 저장하지 않는다.

4. 빅 데이터의 위기 요인과 통제 방안에 대한 설명으로 옳은 것은?

> (가) 사생활 침해의 문제는 데이터 익명화 기술로 근본적인 문제점을 차단할 수 있다.
> (나) 빅 데이터는 일어난 일에 대한 데이터에 의존한다. 그것을 바탕으로 미래를 예측하는 것은 적지 않은 정확도를 가질 수 있지만 항상 맞을 수는 없다.
> (다) 데이터의 오용 피해를 구제할 수 있는 알고리즈미스트의 역할이 증대되고 있다.
> (라) 범죄자들의 성향을 파악하여 사전에 범죄 예측 알고리즘을 활용하여 강력 범죄를 감소시킬 수 있다.

① 나, 마   ② 나, 다

③ 가, 다   ④ 가, 라

정답 ②

해설 (가)의 사생활 침해는 사용자의 책임으로 해결할 수 있으며, (라)의 사전 범죄 예측 알고리즘은 무고

한 사람에게 피해가 갈 수 있어, 행동–결과의 책임으로 해결한다.

5. 아래 보기가 설명하는 기업 내부 데이터베이스 솔루션으로 알맞은 것은?

① ERP   ② SCM

③ CRM   ④ KMC

정답 ②

해설 (가)에서 공급망 운영과 (나)에서 생산, 구매, 재고, 주문, 공급자와의 거래 등의 키워드로 SCM(Supply Chain Management)인 것을 알 수 있다.

6. 머신 러닝 학습 방법이 나머지와 다른 하나는?

① 분류 분석   ② 감성 분석

③ 군집 분석   ④ 회귀 분석

정답 ③

해설 군집 분석은 비지도 학습에 해당한다. 분류 분석, 감성 분석, 회귀 분석은 모두 지도 학습에 해당되는 머신 러닝 학습이다.

7. 빅 데이터 활용에 필요한 3요소로 알맞은 것은?

① 데이터, 기술, 인력   ② 데이터, 프로세스, 인력

③ 프로세스, 기술, 인력   ④ 인력, 데이터, 알고리즘

정답 ①

해설 자주 나오는 유형이다. 빅 데이터 활용에 필요한 3요소는 데이터, 기술, 인력이다.

8. 다음 중 데이터베이스의 일반적인 특징에 대한 설명으로 옳지 않은 것은?

① 한 조직의 다수 사용자가 공동으로 이용하고 유지하는 공용 데이터이다.

② 저장, 검색, 분석이 용이하게 수치로 명확하게 표현되는 정량 데이터이다.

③ USB, HDD 또는 SSD와 같은 컴퓨터가 접근할 수 있는 매체에 저장된 저장 데이터이다.

④ 동일한 내용의 데이터가 중복되지 않는 통합 데이터이다.

정답 ②

해설 데이터베이스는 통합, 저장, 운영, 공유 데이터의 특징을 가지며, ②번 보기의 정량 데이터는 데이터 베이스의 특징이 아니다.

9. 빅 데이터의 위기 요인과 통제 방안을 서로 연결한 것 중 옳지 않은 것은?

> (가) 책임 원칙 훼손 – 알고리즘 접근 허용
>
> (나) 사생활 침해 – 동의제에서 책임제로 변화
>
> (다) 데이터 오용 – 정보 선택 옵션 제공

① 가, 다   ② 가, 나

③ 나, 다   ④ 가, 나, 다

해설 자주 나오는 유형이다. 책임 원칙 훼손을 통제하기 위해서는 행동-결과의 책임 소재로 해결할 수 있으며, 데이터 오용을 통제하기 위해서는 알고리즘의 부담함을 증명하여야 한다.

10. 다음 중 빅 데이터 분석 활용의 효과로 가장 옳지 않은 것은?

① 운송 비용의 절감
② 상품 개발과 조립 비용의 절감
③ 새로운 수익원의 발굴 및 활용
④ 서비스 산업의 확대와 제조업의 축소

정답 ④

해설 빅 데이터 분석을 통해 제조업도 공급 사슬의 최적화, 수요 예측, 맞춤형 상품 개발 등이 가능하며, 제조업의 확대를 가져온다.

11. 다음 중 데이터 사이언티스트에게 요구되는 소프트 스킬로 옳지 않은 것은?

① 시각화를 활용한 설득력
② 커뮤니케이션 기술
③ 창의적 사고
④ 이론적 지식

정답 ④

해설 데이터 분석 기술에 해당하는 이론적 지식은 하드 스킬에 해당한다.

12. 빅 데이터에 대한 설명으로 가장 옳지 않은 것은?

① 4차 산 업혁명 시대에 과거 석탄과 철과 같은 역할을 하게 될 것으로 기대한다.
② 빅 데이터의 출현 배경으로 SNS의 확산, 클라우드 컴퓨팅의 발전, 저장 장치의 가격 하락 등이 있다.
③ 빅 데이터를 통해 기존 방식으로는 얻을 수 없었던 새로운 통찰이나 가치 창출이 가능하다.
④ 빅 데이터 환경에서는 필요한 정보만을 추출하기 위해 표본 조사의 중요성이 더욱 대두되고 있다.

정답 ④

해설 데이터 분석 기술이 좋아지면서 빅 데이터를 이용한 전수 조사가 이루어지고 있다.

단답형 문제

1. 다음에서 설명하고 있는 용어는 무엇인가?

> 인간의 개입을 최소화하여 인터넷을 기반으로 모든 사물을 연결하여 상호 소통하는 지능형 기술은? (그 사례로는 하기스의 Tweet pee, 구글의 Google glass, 나이키의 Fuel band, 삼성의 갤럭시 워치가 있다.)

정답 사물 인터넷

해설 사물 인터넷(IoT)과 관련된 설명이다..

2. 아래에서 설명하는 (가)에 들어갈 용어는?

> (　가　)는 거래 정보를 하나의 덩어리로 보고 이를 차례로 연결한 거래 장부다. 기존 금융 회사의 경우 중앙 집중형 서버에 거래 기록을 보관하는 반면, (　가　)는 거래에 참여하는 모든 사용자에게 거래 내역을 보내 주며 거래 때마다 이를 대조해 데이터 위조를 막는 방식을 사용한다.

정답 블록체인

해설 차례로 연결한 거래 장부, 모든 사용자에게 거래 내역 제공 등에서 블록체인 기술임을 알 수 있다.

단원 TIP 2단원은 1단원과 달리 익숙하지 않은 새로운 용어들이 많이 등장하며, 단계를 묻는 문제와 단계 속에서 하는 활동, 과제를 묻는 문제들이 출제된다. 많은 내용이 있지는 않지만, 자세하게 외우지 않으면 각 단계에 대한 혼란이 올 수 있기에 3회 이상의 암기, 확인이 필요한 단원이다.

2.1 분석 과제 정의

데이터는 데이터 자체가 의미를 지니는 것이 아닌, 데이터로 어떤 효율적인 의사 결정을 할 수 있는지가 중요한 요소이다. 따라서, 성공적인 분석을 위해 고려해야 하는 요소를 추출하고, 관련 데이터 파악, 원점에서 솔루션 탐색, 이행하는 것이 분석 과제이다.
분석 과제 정의와 헷갈릴 수 있는 문제 정의는 데이터 및 기법(How)을 도출하기 위한 단계이다.

2.2 분석 기회 발굴

데이터 분석 과제를 발굴하기 위한 방식들과 데이터 거버넌스의 개념이 출제된다. 모델의 개념, 단계 모두 출제되는 주제이다.

• 비즈니스 모델 분석을 통한 하향식(Top Down 방식): 기업의 비즈니스 모델을 분석하여 경쟁력 강화를 위한 핵심 분석 기회를 발굴하고 분석 체계 구현을 위한 거버넌스 체계 전반을 다루는 방식이다. 즉, 문제가 주어지고 해법을 찾기 위해 체계적 단계를 따르는 분석 과제 발굴 방식이다. 하향식 방식은 문제 탐색 ⇨ 정의 ⇨ 해결 방안 탐색 ⇨ 타당성 검토의 단계로 이루어진다.
*추가: 하향식의 거시적 관점 5가지 (사회, 기술, 경제, 환경, 정치)

• 대상 프로세스 선정·분석을 통한 상향식(Bottom Up Path-Finding) 방식: 문제의 정의 자체가 어려울 경우 데이터를 기반으로 문제의 재정의 및 해결 방안을 탐색하는 분석 과제 발굴 방법으로 사물을 있는 그대로 인식하는 "What" 관점에서 접근하는 분석 과

제 발굴 방식이다. 즉, 문제의 정의 자체가 어려울 때 새로운 문제를 탐색하는 방법이다. (정답이 없기에 비지도 학습이다)

–상향식 접근법은 기업에서 보유하고 있는 다양한 원천 데이터로부터의 (발견)을 통하여 (통찰)을 얻을 수 있으며, 디자인 사고 중 (발산)에 해당한다.

• 분석 유즈 케이스: 현재 비즈니스 모델 및 유사, 동종 사례 탐색을 통해서 빠짐없이 도출한 분석 기회들을 구체적인 과제로 만들기 전에 표기하는 흐름이다. 문제를 해결했을 때 발생하는 효과를 명시함으로써 향후 데이터 분석 문제로의 전환 및 적합성 평가에 활용된다.

• 폭포수 모델: 순차적 접근 방법으로 사용 개념 정립에서 구현까지 하향식 접근 방법 중 하나이다. 각 단계별로 철저히 종료되었을 때 다음 단계로 넘어갈 수 있다. 폭포수 모델은 요구 사항 분석 ⇨ 프로그램 설계 ⇨ 구현 ⇨ 테스트 ⇨ 유지 보수 단계로 이루어진다.

• 프로토타입: 폭포수 모델이 반드시 단계별로 진행하여, 이전으로 돌아갈 수 없다는 단점을 보완한 것으로 신속히 실험적 결과물(실험 모델)을 만들어 의견을 조율할 수 있는 모델이다. 단계의 반복을 통하여 점진적으로 개발하는 모델이다.

–프로토타입의 단계(프로세스): 가설 생성⇨ 디자인 및 실험 ⇨ 실제 환경 테스트 ⇨ 가설 확인의 과정

• 나선형 모델: 폭포수 모델과 프로토타입 모델의 결합으로 반복을 통하여 점진적으로 개발하는 방식이다. 반복된 주기로 개발하기 때문에 관리 체계를 갖추지 못한 경우 긴 시간의 반복으로 복잡도가 상승할 수 있다.

• 데이터 거버넌스: 데이터의 보안, 개인 정보 보호, 정확성, 가용성, 사용성 등을 보장하기 위해 수행하는 모든 작업을 지칭한다. 즉, 데이터를 다루기 위해 취해야 하는 조치, 따라야 하는 프로세스, 데이터의 전체 수명 주기 동안 이를 지원하는 기술 등 데이터의 운영, 책임, 표준화를 수립하는 것이다. 이를 위해 철저한 변경 관리가 필요하고, 요소별로 구분하여 작성하여야 하며, 수명 주기 관리가 필요하다.

• 데이터 거버넌스의 분석 성숙도 모델 단계: 분석 성숙도는 비즈니스 평가, 조직 평가, IT 평가에 대한 수준을 도입 ⇨ 활용 ⇨ 확산 ⇨ 최적화로 진단한다.

- 데이터 표준화: 데이터의 표준 용어 설정, 명명 규칙 수립, 메타 데이터 구축, 데이터 사전 구축 등에 해당하는 데이터 거버넌스 항목을 말한다.

2.3 분석 대상에 따른 분석 주제 유형

2과목에서 객관식, 주관식 모두 자주 나오는 주제이다.

- 최적화: 분석 대상을 알고, 분석 방법도 아는 경우 사용하는 방식이다.
- 통찰: 분석 대상을 모르지만, 분석 방법을 아는 경우 사용하는 방식이다.
- 해답: 분석 대상을 알지만, 분석 방법을 모르는 경우 사용하는 방식이다.
- 발견: 분석 대상, 분석 방법 모두 모르는 경우 사용하는 방식이다.

예 분석 주제 유형 중 분석의 대상은 알고 있지만 분석 방법을 모르는 경우 선택할 수 있는 방식으로 알맞은 것은? (Solution(해답))

2.4 분석 기획

분석 기획 시 고려해야 될 부분으로 모든 부분이 자주 나오는 중요한 주제이다. 분석 기획 단계에서는 비즈니스의 이해, 범위 설정, 이해관계자의 일치를 시키는 산출물(결과물)인 SOW가 나온다.

−분석 기획 단계: 프로젝트 범위 설정 −프로젝트 정의 −프로젝트 수행 계획 수립 −데이터 분석 위험 식별(난계가 아닌 것을 묻는 문제가 나온다.)

- 가용 데이터 고려

가용이란 자원에 사용할 수 있는 것을 말한다. 분석을 위해서는 데이터 확보가 분석 기획 단계에서 이루어져야 한다. 아래 데이터의 유형에 따라 적용 가능한 솔루션과 분석 방법이 달라지기 때문에 아래 데이터 유형에 따른 분석이 필요하다.

	정형 데이터	반정형 데이터	비정형 데이터
특징	데이터 자체로 분석이 가능한 일반적인 수치 데이터를 말하며, 데이터베이스로 관리된다.	데이터로 분석은 가능하나 데이터를 설명하는 메타 데이터를 활용해야 해석이 가능하다.	데이터 자체로 분석이 불가능한 복잡한 데이터로 특정 프로세스를 거쳐 분석이 가능한 데이터로 변환해야 한다.
예시)	ERP, CRM, SCM 등	로그 데이터, 모바일 데이터, 센싱 데이터	파일 형태로 저장되는 영상, 음성, 문자 등 미디어

용어 복습(객관식, 단답형에 자주 나온다)
• CRM: 고객의 관계를 관리하는 것이다. (기업 내부)
• SCM: 기업에서 공급망 관리를 위한 것이다. (기업 외부)
• ERP: 기업 전체를 통합적(전사적)으로 관리하여 경영을 효율화하는 것이다.

2.5 분석 방법 프로세스 및 분석 수준 진단

분석 방법 프로세스는 분석 기획 – 데이터 준비 – 데이터 분석 – 시스템 구현 – 평가 및 전개로 이루어진다.

• 데이터 분석 수준 진단은 분석 업무 파악, 인력 및 조직, 분석 기법, 분석 데이터, 분석 준비도 평가, 분석 문화, IT인프라 영역으로 진행된다. 여기서, 분석 준비도 평가 영역에서는 조직에서 사실에 근거한 의사 결정과 데이터를 활용하는지를 평가하는 영역이다. 그리고 조직이 보유한 현재의 데이터 분석 수준은 비즈니스 부문, 조직/역량 부문, IT 부문 등 3개 부문에서 대상을 판단한다.

–IT 인프라: 운영 시스템 데이터 통합, 빅 데이터 분석 환경, 통계 분석 환경 등을 진단하는 구성 요소이다.

2.6 분석 마스터플랜

모든 부분이 자주 나오는 2단원에서 가장 중요한 주제이다. 데이터 기반 분석 마스터플랜 수립을 위해서는 분석 과제를 대상으로 전략적 중요도, 비즈니스 성과 및 ROI, 분석 과제의 실행 용이성 등 다양한 기준을 고려해 적용 우선순위를 설정한다. 그리고 우선순위 뿐 아니라 분석의 적용 범위 및 방식에 대해서도 종합적으로 고려하여 데이터 분석을 구현하기 위한 로드맵을 수립하여야 한다.

- 분석 마스터플랜의 우선순위 고려 요소 3가지
- 전략적 중요도
- 비즈니스 성과/ROI: ROI는 투자 수익률을 뜻한다.
- 실행 용이성

- 데이터 분석 과제를 추진할 때 우선 고려해야 하는 요소
- 시급성: 전략적 중요도, 데이터 수집 비용이 핵심이다. 분석 과제의 목표 가치(KPI)를 함께 고려하여 판단한다.
- 난이도: 데이터를 생성, 저장, 가공, 분석하는 비용과 현재 기업의 분석 수준, 비용 발생과 범위 측면을 고려하여 정한다. 데이터 분석의 적합성 여부와 해당 기업의 상황에 따라 조율이 가능하다.
- 시급성이 높고 난이도가 낮은 분석 과제는 우선순위가 높다.

*포트폴리오 사분면(Quadrant) 분석을 통한 과제 우선순위 선정 기법

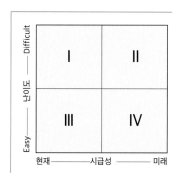

1. 우선순위 기준을 시급성에 둘 때 우선순위: III-IV-II
2. 우선순위 기준을 난이도에 둘 때 우선순위: III-I-II

- 위에서 어떤 기준이라도 맨 앞은 III, 맨 뒤는 II이다. 난이도에 둘 때는 난이도가 쉬운 것을 먼저 처리하고 어려운 것을 나중에 처리한다는 생각으로 III-I 순서로 외우며, 시급성에 둔다면 시급성이 현재 닥친 것을 먼저 처리하고 미래 시점을 나중에 처리하는 것으로 해서 III-IV로 암기해 보자.
- 분석 마스터플랜의 우선순위 평가
- 정의된 데이터 과제에 대한 실행 순서를 정하는 것으로 업무 영역별로 도출된 분석 과제를 우선순위 평가 기준에 따라 평가하고 과제 수행의 선후행 관계를 고려하여 적용 순위를 조정하여 최종 확정한다. 여기서, 빅 데이터의 4V(Volume(양), Variety(다양성), Velocity(속도), Value(가치))를 고려한 ROI 관점으로 우선순위를 평가한다.
- 투자 비용 요소 3가지 (3V)

1. Volume: 데이터의 규모/양
2. Variety: 데이터의 다양한 종류 및 유형
3. Velocity: 데이터의 빠른 속도

- 비즈니스 효과 (1V)

1. Value(가치, 활용 및 실행)
- 분석 마스터플랜의 적용 범위/방식 고려 요소 3가지
- 업무 내재화 적용 수준
- 기술 적용 수준
- 분석 데이터 적용 수준

- 분석 마스터플랜의 일정 계획

　객관식은 물론 단답형에서도 출제되는 단계이다. 데이터 분석에서 일정은 철저한 통제가 아닌 데이터 분석 체계를 고려한 융통성 있는 일정 관리가 필요하며, 분석 준비도를 평가할 때는 내부 데이터가 아닌 외부 데이터 활용 체계를 평가한다. 분석 준비도의 업무 파악 영역은 최적화, 예측, 발생한 사실, 분석 업무 정기적 개선이 있다.
- 일반적인 ISP 방법론을 활용하되 데이터 분석 기획의 특성을 고려하여 수행, 기업에서 필요한 데이터 분석 과제를 빠짐없이 도출한 후 과제의 우선순위를 결정한다. 준비된 데이터를 통해 모델에 적용해 보고, 적용 결과를 평가하는 과정을 반복 시행 분석의 구현 일정은 반복 정련 과정을 고려해 수립하고 최종적으로 세부 일정 계획을 수립한다.

−분석 마스터플랜의 단계

    데이터 분석 및 수집 ⇨ 분석 데이터 준비 ⇨ 분석 모델 설계⇨ 적용⇨ 평가

• 분석 마스터플랜 데이터 분석 체계

    분석 마스터플랜에서는 단계별 내용을 정렬하여 추진한다. 단, 반복적인 과정은 아니다. 아래와 같은 조직의 특징을 알아 두자.

1. 집중 구조: 별도의 분석 전담 조직을 구성하여 업무를 이원화(분담)하는 것이다.
2. 기능 구조: 위 집중 구조처럼 별도의 분석 전담 조직을 구성하는 것이 아닌, 해당 부처 (부서)에서 직접 분석을 수행한다. 원래 존재하는 별도 부서에서 제한된 분석을 수행한 다고 이해하자.
3. 분산 구조: 분석 조직의 인력을 현업 부서에 배치하여 신속한 처리를 가능하게 하는 구 조이다.

*분석 과제 중에 발생한 결과물 ⇨ 풀(pool)로 관리하고 공유한다.

2.7 데이터 분석 방법론

두 가지 방법론에 대한 개념, 단계, 단계별 세부 사항까지 모두 알아야 한다.

• KDD: Fayyad가 소개한 방법론으로 데이터를 통해 통계적 패턴이나 지식을 찾을 수 있 도록 정리한 데이터 마이닝 프로세스이다. 데이터 마이닝, 기계 학습, 인공 지능, 패턴 인식, 데이터 시각화에서 응용될 수 있는 구조를 갖고 있다. KDD 분석 방법론의 단계는 데이터 세트 선택 ⇨ 데이터 전처리 ⇨ 데이터 변환 ⇨ 데이터 마이닝 ⇨ 결과 평가 총 5 단계로 이루어져 있다.

−데이터 세트 선택: 분석에 필요한 데이터를 선택하는 단계로, 분석을 하려는 산업 도메 인에 대한 이해와 해당 과제의 목표 설정이 필수적이다
−데이터 전처리: 선택된 데이터 세트에 포함 되어 있을 수 있는 노이즈와 이상값, 결측값 들을 식별하고 필요하다면 삭제 및 변환 등의 전처리를 통해 데이터 세트를 정제하는 단 계이다. 이 단계에서 추가로 데이터가 필요할 경우, 데이터 세트 선택 절차를 반복한다. 여기서 중요한 점은 이상치, 결측값 등을 반드시 삭제하는 것이 아니라는 점이다.

−데이터 변환: 정제된 데이터를 분석 목적에 따라 데이터의 Feature(특성)를 생성, 선택하고 데이터의 차원을 축소하며 데이터 마이닝을 진행할 수 있도록 변환하는 단계이다. 이 단계에서 데이터 마이닝에 필요한 학습 데이터 세트와 실험 데이터 세트로 분리한다.

−데이터 마이닝: 학습 데이터 세트를 이용하여 분석 목적에 맞게 데이터 마이닝 알고리즘을 선택하여 데이터 마이닝을 실행하는 단계이다. 필요에 따라 데이터 전처리 및 데이터 변환 절차를 반복할 수 있다. 데이터 마이닝은 목적 정의 ⇨ 데이터 준비 ⇨ 데이터 가공 ⇨ 데이터 마이닝 기법 적용 ⇨ 검증 절차를 따른다.

−결과 평가: 데이터 마이닝을 수행한 결과에 대해 해석과 평가를 진행한다. 결과가 충족되지 않았을 경우 데이터 선택 절차와 데이터 마이닝 절차를 반복 수행한다.

• CPISP-DM: 전 세계에서 가장 많이 사용되는 데이터 마이닝 표준 방법론으로 단계, 일반 과제, 세부 과제, 프로세스 실행 등의 4가지 레벨로 구성된 계층적 프로세스 모델이기도 하다. CRISP-DM의 절차는 업무 이해 ⇨ 데이터 이해 ⇨ 데이터 준비 ⇨ 모델링 ⇨ 평가 ⇨ 전개 총 6단계로 구성되어 있다. 각 단계들은 순차적으로 진행되는 것이 아니라, 필요에 따라 단계 간의 반복 수행을 통해 분석의 품질을 향상시킬 수 있다.

−업무 이해(Business Understanding): 분석 과제의 목적과 요구 사항을 이해하고, 도메인 지식을 활용하여 초기 프로젝트 계획을 수립하는 단계이다. 이 단계에선 업무 목적 파악, 상황 파악, 데이터 마이닝의 목표 설정, 프로젝트 계획 수립 등의 세부 업무가 포함된다.

−데이터 이해(Data Understanding): 분석을 위한 데이터를 수집하고 이해하는 단계이다. 이 단계에선 초기 데이터 수집, 데이터 기술 분석, EDA, 데이터 품질 확인 등이 있다.

−데이터 준비(Data Preparation): 수집한 모든 데이터에서 분석에 용이한 데이터만을 추출하여 편성하는 단계이다. 이 단계에선 데이터 세트의 선택과 데이터 정제, 분석용 데이터 세트 편성, 데이터 통합, 데이터 포매팅의 업무가 있다.

−모델링(Modeling): 다양한 알고리즘을 선택하여 모델링 과정을 수행하고 최적화하는 단계이다. 학습 데이터 세트를 통해 모델링을 수행하며, 실험 데이터 세트로 평가한다. 모델링 단계에서 수행하는 업무로는 모델링 기법 선택, 모델 테스트 계획 설계, 모델 작성, 모델 평가가 있다.

−평가(Evaluation): 수행한 모델링 결과가 과제 목적에 적절한지 평가하는 단계이다. 이 단계의 수행 업무로 분석 결과 평가, 모델링 과정 평가, 모델 적용성 평가 등의 수행 업

무가 있다.

- 전개(Deployment): 완성된 모델을 실무에 적용하기 위해 필요한 이행 계획을 수립하는 단계이다. 이행 계획에는 모델 적용에 필요한 모니터링은 물론 유지보수 계획 또한 포함된다. 전개 계획 수립 및 모니터링/유지 보수 계획 수립, 프로젝트 종료 보고서 작성, 프로젝트 리뷰 등의 수행 업무가 포함된다.

2.8 시계열

3단원 내용이지만 2단원에 자주 나오는 유형이다. 2,3 단원에서 객관식, 단답형으로 자주 나오는 유형이니 시계열 모델은 물론, 시계열의 세부 특징들까지 알아야 문제를 풀 수 있다.

• 시계열: 통계 계열의 일종으로 시간과 더불어 변화하는 자료(data)를 말한다. 일정한 시간 간격을 두고 관측되므로 시차가 동일하며 이론적으로 결측값이 없다. 시계열 데이터에서도 잡음이 발생할 수 있는데 모든 원인을 파악하기는 어렵다. 따라서, 평활화 또는 필터링으로 이러한 문제를 해결한다. 시계열은 추세, 계절, 순환, 불규칙 4가지 요인으로 구성되며. 각 성분은 분해 시계열에서 설명한다.

시계열은 다음과 같은 특징을 가진다.

- 시계열의 정상성: 시점에 상관없이 일정한 시계열 데이터의 특성을 의미한다. 대부분 데이터는 정상성을 만족하지 않는 비정상 시계열이기 때문에 다음 조건에 따라 정상화하여 분석을 수행한다. 정상성은 다음과 같은 특징을 가진다.

1. 모든 시점에서 일정한 평균을 가진다
2. 분산이 시점에 의존하지 않는다. 즉, 모든 시점의 분산이 동일하다.
3. 공분산은 시차에만 의존하고 어느 시점(t,s)에는 의존하지 않는다. 즉, 시차가 같으면 공분산은 동일하다. 여기서, 이상치가 있는 경우 이상치를 무조건 제거하는 것이 아니라, 상황에 따라 제거하거나 대체해 정상화한다. 평균이 일정하지 않은 경우 차분, 분산이 일정하지 않은 경우 변환하여 정상화한다.
*차분: 현 시점의 자료값에서 전 시점의 자료를 빼는 시계열 변환 방법으로 단답형으로 자주 나온다.
4. 정상성을 만족하는지 판단하기 위해서는 위에서 설명한 평균, 분산, 공분산이 일정한지

를 확인하면 된다.

■ 시계열 모형

단답형으로 자주 나오는 주제이다.

−추세(Trend): 시간의 흐름에 따라 주요 지표가 상승, 하강하는 경향성을 말한다.

−주기적/순환적 특성(Cyclic Pattern): 시간대, 요일, 월, 분기/계절 등에 따른 주기적 패턴 이다.

−분해 시계열: 계열 데이터를 추세 요인, 순환 요인, 계절 요인, 불규칙 요인으로 분리(분해)하여 분석해 주는 기법이다.

1. 불규칙 성분: 규칙적이지 않고 예측이 불가한 랜덤 변동을 말한다.

2. 추세 성분: 지속적으로 증가하거나 감소하는 추세를 갖는 변동을 말한다.

3. 계절 성분: 계절 변화와 같은 주기적인 성분에 의한 변동을 말한다.

4. 순환 성분: 주기적인 변화를 지니나 주기가 긴 변동으로 경제 전반이 아닌 경기 변동과 같은 것이 해당된다.

−이동 평균 모형(MA): 시간이 지날수록 평균값이 지속적으로 감소/증가하는 경향에 대한 이동 평균을 시계열 모형으로 구성한 것이다. 현시점의 유한 개의 백색 잡음을 선형 결합으로 표현한 것으로 항상 정상성을 만족하기 때문에 조건이 필요없다.

• 자기 회귀 모델(Autoregression, AR): 자기 자신의 과거를 사용하여 시계열 데이터를 예측하기 위한 기법이다. 이전에 자기 상태에 가중치를 곱하고 상수를 더한 것에 백색 잡음 값을 + 한다.

−ARMA(AR+MA) 모델: 과거 시점의 관측 자료와 과거 시점의 백색 잡음의 선형 결합으로 현 시점의 자료를 표현하는 시계열 모델(모형)이다.

ARMA(2,0) 모델: 자기 회귀(AR) 구성 요소만을 가지고 있으며, 이동 평균항은 포함하지 않는 모델이다. PACF가 0으로 절단되는 것은 맞으나 ACF가 지속적으로 감소하게 되는 특징을 가진다.

−ARIMA: 시간의 흐름에 따라 자료의 변동이 빠를 때 잘 반영된다. 과거 데이터의 추세까지 반영한 모델이다.

−평활법: 변동의 폭이 큰 시계열 자료의 값을 변화가 완만한 값으로 변환하는 방법이다.

1.이동 평균법: 관측값 전부에 가중치를 부여하는 대신 최근의 일부 자료에만 동일한 가중치를 부여한다.

2.지수 평활법: 최근의 자료에 더 큰 가중치를 주고 과거로 갈수록 가중치를 적게 부여한다. 모든 시계열 자료의 평균을 구하여 미래를 예측할 수 있는 방법이다.

－시계열 데이터의 분석 절차 순서: 시간 그래프 그리기 ⇨ 추세와 계절성 제거 ⇨ 잔차 예측 ⇨ 잔차에 대한 모델 적합 ⇨ 예측된 잔차에 추세와 계절성을 더하여 미래를 예측하고 적합한다.

＊잔차: 과거 단답형에 자주 나오는 용어로, 관측값 또는 측정값 등에서 얻어진 가장 확실한 값과, 계산값 또는 이론값의 차를 말한다.

2.9 기타 용어

기타 용어라고 해서 참고만 하는 주제가 아니다. 시험에 자주 나오는 핵심 용어들을 추출하여 요약한 것으로 반드시 암기하고 넘어가야 한다.

• 분석 과제 정의서: 주제별 데이터, 분석 방법, 데이터 입수 난이도를 포함한 문서로 출력물로 나오는 것으로 프로젝트 수행 계획에서 출력물로 나온다. 향후 프로젝트의 입력으로 사용되기에 정해진 포맷에 따라 작성되어야 한다.
• 프레이밍 효과: 문제의 표현 방식에 따라 동일한 사건이나 상황임에도 불구하고 개인의 판단이나 선택이 달라질 수 있는 현상을 말한다.
• 태스크: 단계를 구성하는 단위 활동. 물리적 또는 논리적 단위로 품질 검토의 항목이 된다.
• 스탭: WBS의 워크 패키지에 해당한다 . 입력 자료, 처리 및 도구, 출력 자료로 구성된 단위 프로세스이다.
• 사전 영향 평가: 데이터 거버넌스 체계, 데이터 구조 변경에 일어나는 것을 평가하는 것이다.
• 워크 플로: 데이터 거버넌스 체계, 저장소, 데이터 관리 체계를 지원하는 것이다.
• 비즈니스 모델 캔버스: 업무, 제품, 고객 단위로 문제를 발굴하고, 이를 관리하는 규제와 감사, 지원 인프라 영역으로 분석 기회를 도출하는 개념이다.
• 능력 성숙도 통합 모델: 품질 보증 기술을 통합하여 개발된 평가 모델이다.
• 지식 정보 관리 시스템(KMS): 조직이나 기업의 인적 자원이 축적되고 있는 개별적인 지식을 체계화하여 공유함으로써 경쟁력을 향상시키기 위한 기업 정보 시스템이다.

1. 다음은 데이터 분석을 위한 조직 구조에 관한 설명이다. 옳지 않은 것은?

① 집중 조직 구조는 조직 내에 별도의 독립적인 분석 전담 조직이 구성되고, 회사의 모든 분석 업무를 전담 조직에서 담당한다.

② 분산 조직 구조는 조직의 인력들이 협업 부서에 배치가 되어 신속한 업무에는 적합하지 않다.

③ 집중 조직 구조는 일부 협업 부서와 분석 업무가 중복 또는 이원화될 가능성이 있다.

④ 기능 중심의 조직 구조는 별도의 분석 조직을 구성하지 않고 각 해당 업무 부서에서 직접 분석하는 형태이다.

[정답] ②

[해설] 분산 조직 구조는 전사 차원의 우선순위 수립으로 신속한 업무 추진이 가능하다.

2. 문제의 정의 자체가 어려울 경우 데이터를 기반으로 문제의 재정의 및 해결 방안을 탐색하는 분석 과제 발굴 방법으로 사물을 있는 그대로 인식하는 "What" 관점에서 접근하는 분석 과제 발굴 방식은?

① 상향식 접근법 ② 하이브리드

③ 하향식 접근법 ④ 단계별 선택

[정답] ①

[해설] 상향식 접근법에 대한 문제이다.

3. 다음 중 마스터플랜을 수립할 때 우선순위 고려 요소로 옳지 않은 것은?

① 실행 용이성 ② 데이터 우선순위

③ 전략적 중요도 ④ 비즈니스 성과 & ROI

[정답] ②

[해설] 자주 나오는 문제이다. 마스터플랜 수립 시에는 실행 용이성, 전략적 중요도, ROI를 고려한다.

4. 데이터의 표준 용어 설정, 명명 규칙 수립, 메타 데이터 구축, 데이터 사전 구축 등에 해당하는 데이터 거버넌스 항목은?

① 표준화 활동 ② 데이터 관리 체계

③ 데이터 표준화 ④ 데이터 저장 관리

[정답] ③

[해설] 표준 용어를 설정하고 규칙을 수립하는 것은 데이터 표준화와 관련된 항목이다.

5. 전사 차원의 모든 데이터에 대하여 정책 및 지침, 표준화, 운영 조직 및 책임 등의 표준화된 관리 체계를 수립하고 운영을 위한 프레임워크로 알맞은 것은?

① 데이터 웨어하우스 ② 데이터 거버넌스

③ 데이터베이스 관리시스템   ④ 데이터베이스

정답 ②

해설 데이터 거버넌스에 관한 문제이다.

6. 빅 데이터 분석 방법 프로세스 순서로 알맞은 것은?

① 데이터 준비 – 분석 기획 – 데이터 분석 – 시스템 구현 – 평가 및 전개
② 데이터 준비 – 분석 기획–데이터 분석 – 평가 및 전개 – 시스템 구현
③ 분석 기획 – 데이터 준비–데이터 분석 – 시스템 구현 – 평가 및 전개
④ 분석 기획 – 데이터 준비–시스템 구현 – 평가 및 전개 – 데이터 분석

정답 ③

해설 자주 나오는 문제이며 ③번 보기인 빅 데이터 분석 방법 프로세스를 정확하게 알아야 한다.

7. 다음 빅 데이터 특징 중 비즈니스 효과는?

① Volume   ② Velocity
③ Value   ④ Variety

정답 ③

해설 자주 나오는 문제이다. 빅 데이터 3요소 Volum, Value, Variety 중 비즈니스 효과에 해당하는 것은 Value(가치)이다.

8. 기업의 데이터 분석 도입의 수준을 명확하게 파악하기 위한 방법으로 분석 준비도를 사용한다. 다음 중 분석 준비도를 측정하기 위한 요소로 옳지 않은 것은?

① 분석 업무 파악   ② 분석 기법
③ 인력 및 조직   ④ 분석 성과

정답 ④

해설 데이터 분석 수준 진단은 분석 업무 파악, 인력 및 조직, 분석 기법, 분석 데이터, 분석 문화, IT인프라 영역으로 진단한다. ④번 보기와는 관련이 없다.

9. 다음 중 아래의 하향식 접근법 데이터 분석 기획 단계를 순서대로 나열한 것으로 알맞은 것은?

> (가) 문제 정의(Problem Definition)
>
> (나) 문제 탐색(Problem Discovery)
>
> (다) 해결 방안 탐색(Solution Search)
>
> (라) 타당성 검토(Feasibility study)

① 나⇨가⇨라⇨다
② 나⇨가⇨다⇨라
③ 가⇨나⇨라⇨다
④ 가⇨나⇨다⇨라

정답 ②

해설 자주 나오는 문제이다. 문제 탐색 ⇨ 정의 ⇨ 해결 방안 탐색 ⇨ 타당성 검토의 하향식 접근법 분석 기획 단계를 정확하게 알아야 한다.

10. 분석 과제 발굴 방법 중 상향식 접근법에 대한 설명으로 옳지 않은 것은?

① 문제를 정의하기 어려운 경우에 사용한다.

② 다양한 원천 데이터를 대상으로 분석을 수행하여 가치 있는 문제를 도출하는 일련의 과정이다.

③ 일반적으로 지도 학습 방식을 수행한다.

④ 하향식 접근법과는 달리 복잡하고 다양한 환경에서 발생하는 문제 해결에도 적합하다.

정답 ③

해설 상향식 접근법은 비지도 학습 방식을 수행한다.

11. 다음 중 CRISP-DM의 설명으로 옳지 않은 것은?

① CRISP-DM 프로세스 중 비즈니스 이해, 데이터 이해 단계 간에는 피드백이 가능하다.

② 모델링 단계에서는 테스트용 데이터 세트로 평가하여 모델의 과적합 문제를 확인한다.

③ 데이터 준비 단계에서는 데이터 기술 분석 및 탐색, 데이터 정제, 데이터 세트 편성 등의 수행 업무가 있다.

④ CRISP-DM은 계층적 프로세스 모델로써 4개의 레벨로 구성되며, 6단계의 프로세스를 가진다.

정답 ③

해설 CPISP-DM은 데이터 마이닝 표준 방법론으로 데이터 준비 단계에서는 데이터 세트의 선택과 데이터 정제, 분석용 데이터 세트 편성, 데이터 통합, 데이터 포매팅의 업무를 수행한다.

12. 기업의 데이터 분석 과제 수행을 위한 수준을 평가하기 위하여 분석 준비도를 파악하게 된다. 다음 중 데이터 분석 준비도의 분석 업무 파악 영역에 대한 설명으로 옳지 않은 것은?

① 최적화 분석 업무

② 예측 분석 업무

③ 업무별 적합한 분석 기법

④ 발생한 사실 분석 업무

정답 ③

해설 분석 준비도의 분석 업무 파악 영역에는 최적화, 예측, 발생한 사실, 분석 업무 정기적 개선이 포함된다.

단답형 문제

1. 데이터 분석 마스터플랜 수립 시 우선순위를 투자 비용 요소 관점에서 해석하면 3V(Volume, Variety, Velocity)로 구분한다. 3V에서 비즈니스 효과 관점에서 해석하면 분석 결과의 활용 및 비즈니스 가치 도출을 구분하는 것은?

   정답 Value(가치)
   해설 자주 나오는 문제로 비즈니스 효과의 1V인 가치에 대한 것을 묻고 있다.

2. 문제가 주어지고 이에 대한 해법을 찾기 위하여 각 과정이 체계적으로 단계화되어 수행하는 분석 과제 발굴 방식은?

   정답 하향식 접근법
   해설 자주 나오는 문제로 문제를 정의하는 것이 아닌, 주어졌을 때 해법을 찾는 발굴 방식은 하향식 접근법이다.

3. 아래에서 설명하는 시계열 모델은?

   > 자기 자신의 과거를 사용하여 시계열 데이터를 예측하기 위한 기법이다.
   > 자기 자신을 종속 변수로 하고 이전 시점의 데이터를 독립 변수로 구성하는 모델을 의미한다.
   > 이전의 자기 상태에 가중치를 곱하고 상수를 더한 것에 백색 잡음 값을 + 한다.

   정답 자기 회귀 모델(Autoregression, AR)
   해설 객관식에도 나오는 자주 나오는 문제로 자신의 과거를 사용하는 것은 자기 회귀 모델(Autoregression, AR)이다.

4. 사용자의 기본적인 요구 사항에 따른 모형 시스템을 신속히 개발하여 제공한 후 사용자의 의견을 바탕으로 시스템을 개선하고 보완하는 데이터 분석 모델은?

   정답 프로토타입 모델
   해설 개선을 목적으로 요구 사항을 신속히 개발하는 분석 모델은 프로토타입 모델이다.

> **단원 TIP**   3단원은 객관식 23문제, 단답형 6문제로 가장 많은 문제가 나오며 가장 내용이 많은 단원이다. 계산하는 유형이 매회 출제가 되며, 동일한 유형이기에 반드시 맞추고 넘어가야 한다. 각 모델과 지표의 특징과 범위 등을 물어보는 문제가 출제되며, 분석 결과인 통계를 해석하는 문제도 나온다. 통계를 해석하는 문제는 지표 몇 가지만 알면 되기에 어렵지 않아 기출문제에서 따로 다루도록 한다. 신유형이 나오지만, 신유형을 제외하더라도 1, 2단원에서 점수를 확보했으면 3단원에서 자주 나오는 유형(계산, 개념, 범위, 결과 해석)만 맞아도 여유롭게 합격할 수 있다. 각 개념들 중에서 중복으로 들어가는 개념을 모두 넣어 새롭고 중요한 개념들이 자연스럽게 학습될 수 있도록 구성하였다.

3.1   데이터 전처리

데이터 전처리는 말그대로 데이터를 활용하기 전에 적절하게 처리하는 것이다. 이를 위해서는 분석 모형 설계가 필요하다. 분석 모형 설계는 데이터 분석 방법을 추상화한 것으로 적절한 모형을 선정하기 위해서는 분석 목적과 데이터 특성을 고려하여 선정한다. 데이터 전처리 과정에서 데이터의 특성을 파악하고 모델링에 필요한 데이터를 편성하는 것은 *탐색적 분석(EDA) 단계라고 한다.

3.1.1 분석 모형

① 통계 분석: 데이터를 통해 유의미한 정보를 이해하고 추론을 통해 의사 결정하는 과정이다.
- 기술 통계: 데이터를 요약 및 정리하고 기초 통계량을 구하거나 그래프로 표현한다.
- 추론 통계: 수집된 데이터를 기반으로 모집단에 대한 가설을 검정한다.

② 데이터 마이닝: 상관관계 및 연관성 분석, 유의미한 정보를 찾아내는 과정(패턴, 관계, 규칙 탐색)이다.
- 분류: 지도 학습(로지스틱 회귀, 나이브 베이즈, 의사 결정 나무, SVM, 인공 신경망)
- 추정: 결과값 추정(신경망)
- 예측: 지도 학습(회귀, 의사 결정 나무, 인공 신경망, 시계열)
- 연관: 두 인자 간의 연관성 도출(장바구니 분석)

-군집: 비지도 학습(K-means, 계층적 군집 분석)

-k-means: 주어진 데이터를 k개의 군집으로 묶는 클러스터링 기반 알고리즘이다. 초기 군집 수 설정 ⇨ 중심 값 기준 각 데이터 할당 ⇨ 평균 계산 ⇨ 중심값 이동으로 군집 할당 순서로 이루어진다. 여기서 평균값 변화가 없으면 중단의 순서로 군집을 형성한다.

③ 머신 러닝: 데이터를 통해 학습한 정보를 바탕으로 결과를 출력한다.

-지도 학습: 종속 변수가 포함된 데이터를 학습한다.

⇨회귀 분석, 로지스틱 회귀 분석, 나이브 베이즈, K-NN, 의사 결정 나무, 인공 신경망, 서포트 벡터 머신, 랜덤 포레스트

-비지도 학습: 종속 변수가 포함되지 않은 데이터를 학습한다.

⇨군집화(K-means, SOM, 계층 군집 등), 차원 축소(주성분 분석, 선형 판별 분석 등), 연관 분석(조건 반응, if-then) 여기서, 군집화의 종류가 아닌 것, 연관 분석의 종류가 아닌 것을 묻는 문제가 자주 나온다.

3.1.2 데이터 유형에 따른 모형 구분: 연관 분석(조건 반응을 보는 분석, if-then)이 아닌 것, 상관 분석이 아닌 것 등의 종류가 나온다.

독립 변수 ＼ 종속 변수	연속형	범주형	없음
연속형	회귀 분석 트리 모형, 인공 신경망, SVR, KNN	로지스틱 회귀 분석 트리 모형, 인공신경망, SVM, KNN, 판별분석	주성분 분석(PCA), 군집 분석
범주형	회귀 분석, t-test, ANOVA, 트리 모형, 인공 신경망	로지스틱 회귀 모형, 카이 제곱 검정, 트리 모형, 인공 신경망, 나이브 베이즈	연관 분석
연속+범주형	회귀 분석, 트리 모형, 인공 신경망	트리 모형, 인공 신경망	상관 분석

3.1.3 분석 모형 정의: 선정한 모형을 데이터에 적용하기 위한 정의 단계, 분석 성능에 영향을 미치는 변수 선택, 하이퍼 파라미터 튜닝 등의 과정을 수행한다.

① 데이터 유형에 따른 모형 구분: 시험에 자주 나오는 유형이다.

-전진 선택법: 상관관계가 큰 변수부터 순차적으로 모형에 추가하는 방법이다.

-후진 제거법: 모든 독립 변수를 추가한 모형에서 상관관계가 작은 변수부터 순차적으로 모형에서 제거하는 방법(유의하지 않은 변수가 없을때까지 설명 변수를 제거한다.)이다.

-단계적 선택법: 전진 선택법으로 순차적으로 변수를 추가하면서 중요도가 약해진 변수를 후진 제거법으로 제거하는 방법이다.

② 파라미터와 하이퍼 파라미터: 모형의 성능에 영향을 미치는 파라미터/하이퍼 파라미터를 조정하여 모형을 최적화한다.

–파라미터

–모형 내부 요소로 모형의 성능에 직접적인 영향을 미친다. 모형이 데이터를 학습한 결과 값으로 자동으로 결정된다.

–하이퍼 파라미터

–모형 외부 요소로 모형의 성능에 간접적인 영향을 미친다. 사용자가 설정하는 값으로 학습 과정에 영향을 주고 학습 결과인 파라미터 값에 영향을 준다.

3.1.4 분석 모형 구축 절차

분석 모형의 구축 절차는 요건 정의–모델링–검증 및 테스트–적용 단계로 구성된다. 각 단계의 개념과 요소들을 알아보자.

① 요건 정의: 기획 단계에서 도출한 내용을 요건 정의로 구체화하는 단계이다.

⇨요구 사항 도출(요건 도출) –분석 추진 계획 수립(가능성 검토, 환경 설정, WBS 작성) –요구 사항 확정

② 모델링: 정의된 요건에 따라 본격적으로 분석을 수행하는 단계이다.

⇨데이터 마트 설계 및 구축(데이터 수집, 전처리)–탐색적 분석 및 유의 변수 도출–모델링–모델 성능 평가

③ 검증 및 테스트: 분석 모형을 가상 운영 환경에서 테스트하는 단계이다.

⇨운영 환경 테스트–비즈니스 영향도 평가

④ 적용: 분석 결과를 실제 운영 환경에 적용하는 단계이다.

⇨운영 시스템 적용–주기적 모델 업데이트(재평가, 재학습)

3.1.5 분석 환경 구축

1) 분석 도구 선정
:대표적인 분석 도구⇨R, Python, SAS, SPSS 등

(1) R
–S언어 기반
–분석 득화, 시각화 강점

-무료, 업데이트가 빠르다.

(2) Python

-C언어 기반

-범용성 높은 언어

-웹/프로그램 개발 활용

-무료, 업데이트가 빠르다.

(3) SAS 및 SPSS

-유료, 업데이트가 느리다.

3.1.6 데이터 분할

:과적합 방지, 일반화 성능 향상

(1) 과적합: 단답형으로 자주 나오는 문제이다.

-인공 신경망의 노드가 많으면 과다하게 적합되는 문제를 말한다.

(2) 홀드 아웃(Hold-out): 단답형으로 자주 나오는 문제이다.

-예측 모델의 과적합을 방지하기 위해 활용되는 자료 추출 방법으로, 랜덤 추출을 통해 데이터를 분할한다.

(3) K-fold 교차 검증: K-1개인 것이 시험에 자주 나온다.

-중복되지 않은 K개 데이터로 분할

-학습은 K-1개의 데이터로, 검증은 나머지 1개의 데이터로 시행한다. 여기서, 검증 데이터 바꾸며 K번 반복하는 특징이 있다.

(4) 부트스트랩(Bootstrap)

-복원 추출을 통해 동일 크기의 샘플 데이터를 추출하는 방법이다. 여기서, 부트스트랩 표본을 구성하는 재표본 과정에서 분류가 잘못된 데이터에 더 큰 가중치를 주어 표본을 추출하는 앙상블 기법을 부스팅이라 하며 단답형으로 자주 나온다.

-학습은 63.2%로 하고, 검증 및 테스트 나머지 %로 시행한다.

3.1.7 데이터 가공

:변수를 구간화하여 데이터를 가공하는 것으로 변수의 구간화 개수가 많을 때 정확도가 높아지나 데이터 분석 속도가 느려지는 특징이 있다. 그리고 변수의 구간화로 연속형 변수를 분석 목적에 맞게 활용할 수 있게 된다. 여기서, 모델 변수의 중요도를 살피는 것으

로 변수 중요도라고 한다.

(1) 과적합: 단답형으로 자주 나오는 문제이다.
-인공 신경망의 노드가 많으면 과다하게 적합되는 문제를 말한다.
(2) 홀드 아웃(Hold-out): 단답형으로 자주 나오는 문제이다.

3.2 분석 기법 적용

다양한 분석 기법의 종류와 개념들이 시험에 자주 나온다.

- 회귀 분석: 하나 이상의 독립 변수들이 종속 변수에 미치는 영향을 추정하는 통계 기법이다.
- 회귀 계수: 변량과 두 변수 사이의 관계를 나타내는 계수이다. 회귀 계수가 양수이면 양의 관계, 음수이면 음의 관계를 지닌다.

- 회귀 분석 변수
-영향을 주는 변수(x): 독립 변수, 설명 변수, 예측 변수
-영향을 받는 변수(y): 종속 변수, 반응 변수, 결과 변수

- 회귀 분석의 가정 검증
-단순 선형 회귀 분석: 독립 변수와 종속 변수 간의 선형성을 검증한다.
-다중 선형 회귀 분석: 회귀 모형 가정인 선형성, 독립성, 등분산성, 비상관성, 정상성을 모두 만족하는지를 검증한다. 각 특성들의 개념은 다음과 같다.
① 선형성
-독립 변수&종속 변수 선형적
② 독립성
-단순 회귀: 잔차&독립 변수 독립
-다중 회귀: 독립 변수 간 독립
③ 등분산성
-잔차가 고르게 분포되는 것으로 더 이상 상관관계가 없고 독립성이 있다.
-잔차의 분산이 독립 변수와 무관하게 일정하다. 시험에 자주 나온다.
④ 정규성
-잔차항이 정규 분포를 따른다.

-잔차항의 평균은 0, 분산이 일정하다.
 • 회귀 모형 검증 체크리스트 4가지
-모형이 통계적으로 유의미한가?
-회귀 계수들이 유의미한가?
-모형의 데이터가 적합한가?
-모형의 설명력이 높은가?

 • 회귀 분석 유형
1. 단순 회귀: 독립 변수가 1개, 종속 변수와 관계가 직선이다.
2. 다중 회귀: 독립 변수가 K개, 종속 변수와 관계가 선형(1차 함수)이다.
-다항 회귀: 독립 변수와 종속 변수와의 관계가 1차 함수 이상이다.
-곡선 회귀: 독립 변수가 1개, 종속 변수와의 관계가 곡선이다.
-로지스틱 회귀: 종속 변수가 범주형인 경우에 사용한다.
-비선형 회귀: 회귀식의 모양이 미지의 모수들의 선형 관계로 이루어지지 않은 모형이다.

 • 단순 선형 회귀의 분석
-독립 변수와 종속 변수가 한 개씩 있으며 오차항이 있는 선형 관계로 이뤄진다.(직선 관계)
-회귀 계수는 최소 제곱법을 사용하여 추정한다. 최소 제곱법은 제곱 오차를 최소로 하는
  값으로 회귀 계수의 추정량을 구하는데 사용하는 계수이다.
-결정 계수(R의 제곱): 총변동 중에서 설명되는 변동이 차지하는 비율이며, 회귀 모형의
  설명과 정확도를 평가할 수 있는 계수이다. 입력 변수가 증가하면 결정 계수도 증가하
  며, 다중 회귀 분석 에서는 수정된 결정 계수를 사용한다. 수정된 결정 계수는 유의하지
  않은 독립 변수가 포함되었을 때 값이 감소한다. 0~1까지의 값을 가진다.

⇨R의 제곱=회귀 제곱합/전체 제곱합 $= \dfrac{SSR}{SST}$

 • 다중 선형 회귀 분석
-독립 변수가 k개인 경우, 독립 변수와 종속 변수와의 관계는 1차 함수 이상인 경우이며
  선형이다.
-모형의 통계적 유의성은 F-통계량으로 확인하며, p-value가 0.05보다 작으면 유의미
  하다고 판단한다.
-다중 선형 회귀 분석의 검정
⇨회귀 계수의 유의성: 회귀 계수의 유의성은 t-통계량을 통해 확인한다.
⇨결정 계수(R제곱): 회귀 모형의 설명력을 보여 주는 지표이다.

⇨모형의 적합성: 잔차와 종속 변수의 산점도로 확인한다.

⇨다중 공선성: 설명 변수들 사이에 선형 관계가 존재하여 회귀 계수의 추정에 부정적인 영향을 미치는 것을 의미한다. 표본의 크기가 커질 경우 영향을 주는 상관관계에 따라 나타난다.

• 규제가 있는 회귀 분석

:독립 변수 사이에 선형 관계가 존재할 경우 다중 공선성 문제가 발생할 수 있기에 규제를 통해 해당 문제를 해결한다. 다중 공선성 문제는 단답형으로도 출제된다.

① 릿지 회귀

-규제항 $\alpha \sum_{i=1}^{n} \theta_i^2$이 비용 함수에 추가된다.

-이 규제항은 학습 알고리즘을 데이터에 맞추는 것뿐만 아니라 모델의 가중치가 가능한 작게 유지되도록 한다.

-규제항은 학습 훈련 시 비용 함수에 추가된다. 모델의 훈련이 끝나면 규제가 없는 성능 지표로 평가한다.

-하이퍼 파라미터 α는 모델을 얼마나 규제할지 조절한다. 만약 0일 경우 선형 회귀와 같아진다.

-α가 아주 크면 가중치가 거의 0에 가까워지고, 데이터의 평균은 수평선이 된다.

-L2규제, 가중치가 퍼지도록 하는 효과가 있다.

② 라쏘 회귀

-릿지 회귀처럼 비용 함수에 규제항을 더하지만 릿지 회귀와 다르게 가중치 벡터 L1 규제를 사용한다. 릿지 회귀의 문제점을 개선하기 위해 등장한 것으로 덜 중요한 가중치를 제거한다는 특징이 있다. L1 Panalty를 사용하는 회귀 모델이며, 회귀 계수를 0으로 만드는 효과가 있다. 시험에 자주 나온다.

③ 엘라스틱 회귀

-릿지와 라쏘의 절충안이다.

-어느 방식의 비중을 크게 할 것인지 결정한다.

• 로지스틱 회귀 분석

:선형 회귀 분석은 정규 분포를 따르지만, 로지스틱 회귀 분석은 이항 분포를 따른다. 종속 변수가 범주형일 경우 사용하는 분석 방법이다. 여기서 일반화 가중치는 회귀 계수와 유사하게 해석된다. 로지스틱 회귀 분석에서 회귀 계수가 음수이면 역S자 그래프가 나온다.

1. 이항 로지스틱

-어떤 범주에 속할 확률을 0에서 1 사이의 값으로 예측하고 그 확률에 따라 가능성이 더

높은 범주에 속하는 것으로 분류해 주는 지도 학습 알고리즘이다.

2. 다항 로지스틱

–종속 변수가 3개 이상인 경우에 적용할 수 있어 여러 집단 간의 비교가 가능하다는 장점이 있다. 단 그 해석이 난해하다는 단점이 있다.

3. 로지스틱 모형의 유도 과정

Odds 적용	logit 변환	Sigmoid 함수 적용
Odds 적용 Odds= P/(1−P)=ax+b Odds= 0~∞, 추가 변환 필요 ※ Odds란 사건 발생 확률이 발생할 확률의 몇 배인지를 의미한다.	logit(P)=log(P/1−P)= log(Odds) ※P는 사건 발생 확률이다.	y= 0~1의 확률값으로 변환한다.

4. 모형 적합성

① 모형의 유의성

–이탈도가 적을수록 통계적으로 유의하다.

② 계수의 유의성

–와드 검정을 통해 독립 변수가 종속 변수에 미치는 영향을 확인한다.

③ 모형의 설명성

–의사 결정 계수를 사용하는 것이 일반적이다.

–AIC값이 작을수록 설명력이 좋다.

3.3 의사 결정 나무

의사 결정 나무는 데이터들이 가진 속성들로부터 분할할 기준을 판별하고, 분할 기준에 따라 트리 형태로 모델링하는 분류 모델로, 소집단으로 분류하거나 예측하는데 사용한다. 하향식 의사 결정 흐름이다.

* 분류 모델: 데이터의 이해를 쉽게 하기 위해 다수의 속성 혹은 변수를 가지는 객체들을 사전에 정해진 그룹의 범주 중의 하나로 구분하는 모델이다.

• 의사 결정 나무는 다음과 같은 장점이 있다.

① 분류 및 예측에 유용하다.

② 연속형, 범주형 변수 모두 사용 가능하다.

③ 어느 변수가 상대적으로 중요한지 파악이 가능하다.

④ 해석이 쉽고 용이하다.

⑤ 이상값에 민감하지 않다.

• 의사 결정 나무는 다음과 같은 단점이 있다.

① 연속형 변수를 비연속적 값으로 취급하여 오류가 커질 수 있다.

② 각 변수의 고유 영향력 해석이 난해하다.

③ 과적합 발생 가능성 높다.

• 불순도 계산: 불순도 개념은 의사 결정 나무(Decision tree) 모델에서 이용되는 개념으로 해당 범주 내에 다양한 클래스의 개체들이 얼마나 포함되어 있는지를 의미한다. 불순도는 다음과 같이 계산한다.

예 아래 표는 불순도 측정 결과이다. 지니값으로 옳은 것은?

지니 계수의 불순도 계산 공식

[1−{(색칠X/전체)^2+(색칠O/전체)^2}=[1−(2/5)^2+(3/5)^2]=0.48

• 의사 결정 나무의 구조

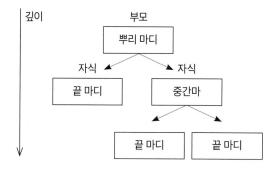

• 분석 과정

(1) 의사 결정 나무 설정

: 데이터의 구조에 따라 분리 기준과 정지 규칙을 설정한다.

(2) 정지 규칙

: 더 이상 트리가 분리되지 않도록 하는 규칙을 설정한다.

(3) 가지치기

: 불필요한 가지를 제거하여 복잡도를 감소시키는 과정이다.

(4) 타당성 평가

: TEST 데이터에 의한 교차 타당성을 사용해 모델을 평가한다.

(5) 노드 분리 기준(시험에 자주 나온다.)

-이산형: CHAID(카이 제곱 통계량), CART(지니 지수), C4.5(엔트로피 지수)

-연속형: CHAID(ANOVA, F-통계량, p-value, CART(분산 감소량)

• 통계 용어

-카이 제곱 통계량: 추정치나 근사치가 실측치에 가장 정확하게 또는 근사적으로 X분포를 따르는 통계량이다. 비모수적 검정, 모수적 검정 모두에 사용된다.

-지니 지수: 지니 계수는 불순도를 측정하는 지표로 0~1 사이의 값을 지닌다. 0~1 사이라는 범위가 시험에 자주 나온다. 예를 들어, 소득이 어느 정도 균등하게 분배되는가를 나타날 때, 0에 가까울수록 소득 분배의 불평등 정도가 낮다는 뜻이며, 높으면 격차가 크다는 뜻으로 해석할 수 있다.

-ANOVA: 분산 분석이라고도 부르며, 명목 척도로 측정된 독립 변수와 등간 척도 또는 비율 척도로 측정된 종속 변수 사이의 관계를 연구하는 통계 기법이다.

-F-통계량: 분산 분석(ANOVA) 방식에 대한 검정 통계량으로 모델 성분의 유의성을 검정한다.

-p-value: 모형의 적합도(유의함)를 판단하는 값이다. 그래프 해석에서 p_value가 0.05보다 작으면 유의하다고 해석할 수 있다.

3.4 인공 신경망

딥 러닝의 가장 기본이 되는 개념으로 사람 두뇌의 신경 세포인 뉴런이 전기 신호를 전달하는 모습을 모방한 기계 학습 모델이다. 역전파 알고리즘을 사용하여 분석하며, 인공 신경망의 은닉층 노드와 뉴런의 수는 모델의 복잡성과 성능에 따라 수동으로 조정해야 한다.

1) 구조

(1) 활성 함수

:노드에 입력된 값을 비선형 함수에 통과시켜 다음 노드로 전달하는데, 이때의 비선형 함수를 활성 함수라 한다.

① 시그모이드(Sigmoid) 함수: 로지스틱 함수로, 곡선의 형태로 0과 1 사이의 값을 출력하고, 기울기 소실 문제가 발생하며, 속도가 느리다.

시그모이드 함수의 식(시험에 가끔 출제된다.): $y = 1/(1 + \exp(-x))$

② ReLU 함수: 입력값이 0보다 작으면 0을, 0보다 크면 그대로 출력하며, 기울기 소실 문제를 해결한다.

③ Tanh 함수: Sigmoid의 확장 형태로 −1과 1 사이 값의 범위를 가진다. 범위를 묻는 문제가 객관식으로 나오며, 속도가 빠르다

2) 계층 구조

① 입력층: 데이터를 입력 받는다.

② 은닉층: 입력층으로부터 전달받은 값을 활성 함수에 적용하여 결과를 산출하며, 여러 층이 가능하다.

③ 출력층: 활성 함수의 결과를 저장하고 있다.

(3) 역전파 알고리즘

: 인공 신경망을 학습시키기 위한 알고리즘으로 출력값을 입력값으로 전파하면서 오차가 최소가 될 수 있도록 하는 과정이다. 가중치를 조절하여 편향을 최적화시키며 거꾸로 전파한다. 단답형, 객관식 모두 자주 나오는 주제이다.

(4) 인공 신명망의 종류

① 단층 퍼셉트론: AND, OR연산이 가능하지만 XOR은 선형 분리할 수 없는 문제점이 존재하며, 은닉층이 없다.

② 다층 퍼셉트론: 단층 퍼셉트론의 문제점을 개선하여 은닉층을 가지면 역전파 알고리즘을 적용하고, 활성화 함수로 시그모이드를 사용한다.(과적합, 기울기 소실 문제점이 존재한다.)

③ 장점

−스스로 가중치를 학습하여 다양하고 많은 데이터에 효과적이다.

−패턴 인식, 분류, 예측에 효과적이다.

④ 단점

−시간이 오래 걸린다.

−결과 해석이 난해하다.

−가중치 신뢰도가 낮다.

(5) 자기 조직화 지도(SOM)

−인공 신경망 개념으로 시험에 자주 나온다.

−고차원 ⇨ 저차원 뉴런으로 정렬(입력층, 경쟁층)한다.

−지도 형태로 형상화하는 비지도 신경망이다.

–자율 학습 방법에 따른 군집화를 적용한 알고리즘이다.

입력층의 뉴런은 경쟁층에 있는 뉴런들과 완전히 연결되어 있다.

*구성

–입력층: 입력 벡터를 받는 층으로 입력 변수 개수와 같은 뉴런이 존재한다.

–경쟁층: 뉴런이 입력 벡터와 얼마나 가까운지 계산하여 연결 강도를 조정하고, 입력 패턴과 가장 유사한 뉴런이 승자가 되며 승자 뉴런만이 경쟁층에 나타난다.

3.5 연관성 분석

장바구니 분석, 서열 분석이라고도 불리며 사건들 간의 규칙을 발견하기 위해 적용한다. 시험에 자주 나오는 개념이며, 계산하는 문제가 매회 출제되고 있으므로 반드시 이해하자.

–장바구니 분석: 장바구니에 무엇이 같이 들어 있는지 분석한다.

–서열 분석: A를 산 다음 B를 산다

1) 특징

–조건과 반응 형태(if-then)로 이루어져 있다.

⇨커피를 마시는 손님 중 20%가 케익을 먹는다. 치킨을 먹는 고객의 90%가 탄산수를 마신다.

–산업의 특성에 따라 지지도/신뢰도/향상도 값을 잘 보고 규칙을 선택해야 한다.

2) 용어 정의: 문항 수가 가장 많이 출제되는 개념이다. 2단원 객관식에도 나오는 문제로, 2단원에서는 개념을 물어보고, 3단원에서는 실제 계산을 하도록 문제가 출제된다.

① 지지도(Support): 전체 거래 중 항목 A와 항목 B를 동시에 포함하는 거래의 비율

⇨ $P(A \cap B)$= A와 B가 동시에 포함된 거래 수/전체 거래 수 =$A \cap B$/전체

② 신뢰도(Confidence): 항목 A를 포함한 거래 중에서 항목 A와 항목 B가 같이 포함될 확률

⇨ $P(B|A)=P(A \cap B)/P(A)$= A와B가 동시에 포함된 거래 수/A를 포함한 거래 수 =지지도/$P(A)$

⇨ 1이면 연관성이 높다.

③ 향상도(Lift): A가 구매되지 않았을 때, 품목 B의 구매 확률에 비해 A가 구매됐을 때 품목 B의 구매 확률의 증가 비율

⇨ $P(B|A)/P(B) = P(A \cap B)/P(A)P(B)$ = A와 B가 동시에 포함된 거래 수/A를 포함하는 거래 수 * B를 포함하는 거래 수 = 신뢰도/$P(B)$ ⇨ 연관성 정도 측정

⇨향상도 A ⇨ B=B ⇨ A 대칭

3.6 군집 분석

변수의 유사성만을 기초로 n개의 군집으로 집단화, 집단의 특성을 분석하는 다변량 분석 기법이다. 즉, 데이터를 집단화하여 다변량 분석 기법으로 데이터 간의 유사도에 따라 그룹(군집)으로 나누어 분석한다. 군집 분석만으로는 이상치를 판단할 수 없다. 군집의 종류 중 분할적 군집은 단일 군집이 아닌, 군집의 개수를 사전에 정의하고 군집을 형성하는 차이가 있다. 군집 분석에서 그룹을 형성할 때에는 군집 간의 이질성이 커지는 방향으로 군집을 만든다.

1) 계층적 군집
: 유사한 개체들의 군집화 과정을 반복하여 원하는 개수의 군집을 형성하는 방법으로 군집의 개수를 줄여 나가는 방법으로 군집의 개수를 미리 정하지 않아도 된다. 결과는 군집 평가를 평가할 수 있는 덴드로그램 형태로 표현한다.

(1) 형성 방법
① 병합적 방법
- 거리가 가까우면 유사성이 높다.
- 작은 군집을 병합한다.
② 분할적 방법
- 큰 군집을 분할한다.
(2) 계층적 군집 종류

최단연결법	최장연결법	중심연결법	와드연결법	평균연결법
거리최솟값	거리최댓값	중심간의 거리, 두 군집 결합시 가총평균	군집 내 오차제곱합 (거리×)	모든 항목의 거리평균 (계산량 ↑)

① 최단 연결법(완전 연결법)
- 한 군집의 점과 다른 군집의 점 사이에 가장 짧은 거리로 군집을 형성한다.(최단 거리로

군집 형성)

② 최장 연결법

－한 군집의 점과 다른 군집의 점 사이에 가장 긴 거리로 군집을 형성한다.

③ 중심 연결법

－두 군집의 중심 간의 거리로 군집을 형성한다.

④ 평균 연결법

－한 군집의 점과 다른 군집의 점 사이의 거리에 대한 평균을 사용하여 군집을 형성한다.

⑤ 와드 연결법

－군집 내 오차 제곱합(ESS)을 고려하여 군집을 형성한다.(군집 간 정보의 손실을 최소화하기 위해 군집화한다.)

2) 군집 간 거리 계산

① 수학적 거리

－유클리드 거리: 두 점 간 차를 제곱하여 모두 더한 값의 양의 제곱근으로 개념과 계산 문제가 나온다.

🔵 키와 앉은 키의 경우 유클리드 거리는 데이터 간의 유사성 지표를 나타내며 식은
$\sqrt{(\text{키}A-\text{키}B)^2+(\text{앉은키}A-\text{앉은키}B)^2}$ 으로, $\sqrt{50}$ 이 나온다.

－맨해튼 거리: 두 점 간 차의 절댓값을 합한 값으로 유클리드 거리와 같이 개념과 계산 문제가 모두 나온다. 멘해튼 거리의 식은
$d(x, y)=\sum_{j=1}^{m}|xj-yj|$ 로 나온다.

🔵 다음 표에서 맨해튼 거리 계산 결과는?

물품	A	B
키	180	175
몸무게	65	70

$(|180-175|+|65-70|)=10$ 으로 계산할 수 있다.

－민코프스키 거리: m차원 민코프스키 공간에서의 거리

　　⇨ m=1일 때, 맨해튼 거리와 동일하다.

　　⇨ m=2일 때, 유클리드 거리와 동일하다.

② 통계적 거리

−표준화 거리: 변수의 측정 단위를 표준화한 거리이다.

−마할라노비스 거리: 변수의 표준화와 상관성을 동시에 고려한 통계적 거리이다.

③ 명목형 변수

−단순 일치 계수: 전체 속성 중에서 일치하는 속성의 비율을 말한다.

−자카드 계수: 두 집합 간의 유사도를 측정하는 것으로 두 변수 간의 비선형적인 관계를 파악할 수 있다. 한 변수를 단조 증가 함수로 변화하여 다른 변수를 나타낼 수 있는 상관 계수이다.

④ 순서형 자료

−순위 상관 계수: 순위에 대한 상관 계수를 계산한다.

3) K−평균 군집

:K개의 군집으로 묶는 알고리즘이다.

−유클리드 거리

−대용량에 적합하다.

① 군집의 수 K를 임의로 선택한다.(엘보 방식 사용, K값을 늘려 간다.)

② 군집 중심에 할당한다.

③ 군집 내 평균을 계산, 군집의 중심을 갱신한다.

④ 군집 중심의 변화가 없을 때까지 반복한다.

⑤ K개의 최종 군집을 형성한다.

4) DBSCAN 클러스터링

−밀도 기반으로 가까운 데이터 포인트를 함께 군집 할당, k−평균 군집과 달리 k를 미리 정할 필요는 없지만 반지름과 최소 n개의 포인트가 있어야 한다. 모양이 불규칙하거나 잘 정의되지 않은 데이터를 처리할 때 유용하게 사용 가능하다.

3.7 범주형 자료 분석

변수들이 이산형 변수일 때 이용하는 분석이다.

예 두 제품 간 선호도가 나이에 따라 연관이 있는지 여부를 판단한다.

독립 변수	종속 변수	분석 방법	예제
범주형	범주형	빈도 분석, 카이 제곱 검정, 로그 선형 분석, 분할표 분석	지역별 정단 선호도
연속형	범주형	로지스틱 회귀 분석	소득에 따른 지역 선호도
범주형	연속형	T검정(2그룹) 분산 분석(3그룹 이상) = ANOVA 분석	지역별 가계 수입의 차이
연속형	연속형	상관 분석, 회귀 분석	

1) 분할표
-범주형 데이터가 각 변수에 따라서 통계표 형태로 정리되어 쓴 것을 분할표라고 한다.

2) 빈도 분석
-빈도 분석은 질적 자료를 대상으로 빈도와 비율을 계산할 때 쓰인다. 그리고 데이터에 질
 적 자료와 양적 자료가 많을 때 질적 자료를 대상으로 오류가 있는지 확인할 수 있다.

3) t-검정
-독립 변수가 범주형, 종속 변수가 이산형일 경우 사용, 두 집단 간의 평균을 비교하는 모
 수적 통계 방법이다.
-가설 검정, 정규성, 등분산성, 독립성 가정이 있다.
① 단일 표본: 표본의 평균으로 모집단의 평균을 검정한다.
② 독립 표본: 서로 다른 두 집단의 평균 파이를 검정한다.
③ 대응 표본: 동일한 집단의 사전 사후 차이를 검정한다.

4) 분산 분석(ANOVA: Analysis of Variance)
-독립 변수가 범주형(두 개 이상 집단) 이고 종속 변수가 연속형인 경우 사용되는 검정 방
 법으로 두 집단간의 평균 비교 등에 사용된다.

5) 카이 제곱 검정(Chi-Square Test)
-두 범주형 변수가 서로 상관이 있는지 독립인지를 판단하는 통계적 검정 방법이다.
⑩ 성별에 따라 취미의 차이가 유의미한가, 취미에 따라 소득 수준의 분포 차이가 있는가
 등이 있다.

6) 피셔의 정확 검정

−표본 수가 적을 때 사용하는 카이 제곱 검정

−가능한 모든 경우의 수를 직접 확인하는 검정 방법으로 초기하 분포를 기반으로 한다.

* 초기하 분포: N개 모집단 중 k개 성공, n번 비복원 추출에서 x개 성공일 확률을 말한다.

3.8 다변량 분석

−구간 척도: 양적 데이터의 일정한 지점의 사이와 범위를 정해 놓은 눈금으로 절대적인 0
이 존재하지 않는다.

−비율 척도: 데이터 간 상대적 크기와 순서를 나타내며, 절대적인 0점이 존재한다. 비교할
수 있는 길이, 무게, 시간 등이 예시이다.

−명목 척도: 대상을 그 특성에 따라 카테고리로 분류하여 기호를 부여한 것으로, 다른 것
과 구별하기 위한 척도이다. 예를 들어, (남자는 1 여자는 2) 또는 (서울은 1 지방은 2)
등으로 표시하는 것을 말한다.

1) 상관관계 분석: 변수들의 상관관계를 알 수 있다. 상관 계수로 분산이나 인과 관계를 설
명할 수는 없다. 상관 계수는 0.5가 넘으면 선형 관계로 본다.

−피어슨 상관 계수: 비선형 관계는 측정할 수 없다.

−스피어만 상관 계수: 순위(순서형)의 서열 척도를 상관 계수로 사용한다. 비선형적(비모
수적) 상관관계도 나타낼 수 있다.

−자카드 계수: 비선형적인 관계를 파악하는 상관 계수를 말한다.

2) 다차원 척도법(MDS: Multidimensional Scaling): 여러 대상 간의 관계에 관한 수치적
자료를 이용해 유사성에 대한 측정치를 상대적 거리로 시각화하는 방법이다.

−차원 축소를 통해 개체들의 관계를 상대적 위치로 시각화하는 분석이다.

−계층적 MDS: 데이터가 연속형 변수(구간 척도, 비율 척도)인 경우 사용한다.

⇨각 개체들간의 유클리드 거리 행렬을 계산하고 개체들 간의 비유사성을 공간상에 표현
한다.

−비계량적 MDS: 데이터가 순서 척도인 경우 사용한다.

⇨개체들간의 거리가 순서로 주어진 경우에는 순서척도를 거리의 속성과 같도록 변환하여
거리를 생성한다.

(1) 적용 절차

−유클리드 거리 행렬을 활용하여 유사성을 측정한다.

−관측 대상들의 상대적 거리의 정확도를 높이기 위해 적합 정도를 스트레스 값으로 표현한다. (부적합도 기준으로 STRESS나 S-STRESS를 사용한다.)

−부적합도 값이 일정 수준 이하가 될 때 최종적으로 적합된 모형으로 제시한다.

3) 다변량 분산 분석(MANOVA: Multivariate Analysis of Variance)

 : 종속 변수가 2개 이상일 때 집단 평균의 벡터를 비교하는데 사용한다. 독립 변수는 명목 척도여야 하고, 종속 변수는 간격/비율 척도여야 한다. 종속 변수들이 서로 상관이 높은 경우에 사용한다. 객관식에 자주 나온다.

4) *주성분 분석(PCA)

 : 대표적인 차원 축소에 쓰이는 분석 방법으로 매회 시험에 나오는 주제이다. 상관성이 높은 변수들을 요약, 축소하는 기법으로 머신 러닝, 데이터 마이닝, 통계 분석, 노이즈 제거 등 다양한 분야에서 쓰인다. 어떻게 차원을 잘 낮추느냐는 분석이며, 주성분은 무조건 제거하는 것이 아니라 완만해지는 주성분을 찾는 것이 중요하다.

(1) 주성분 개수 선택 기준: 개별 고유값, 정보량의 비율, Scree plot(스크리그래프), 누적 기여율로 선택한다. 추출된 m개의 주성분은 서로 상관성이 높은 변수들의 선형 결합으로 변수들을 요약, 축소한 것이다.

(2) 주성분: 분산을 설명하는 설명 변수들의 선형 결합 ⇨ 다중 공선성 문제를 해결하는 중요 성분이다.

(3)누적 기여율: 주성분을 설명할 수 있는 정보량의 비율을 말한다.

5) 요인 분석

 : 변수 간의 관계를 분석하여 공통 차원을 통해 차원을 축소하는 기법 즉, 서로 연관성이 높은 변수들을 모아서 하나의 변수로 새롭게 만들어내는 과정이다, 정보 손실을 최소화하면서 소수의 요인으로 축약하는 것이 목적이다. 객관식에 자주 나온다.

−독립 변수와 종속 변수의 개념이 없다.

−추론 통계가 아닌 기술 통계이다.

−주성분 분석(PCA): 선형적 결합, 데이터를 요약하는 주성분을 추출한다.

−요인 분석: 잠재적 결합, 상관성 기준 잠재 변수를 생성한다.

6) 판별 분석

－집단을 구분할 수 있는 설명 변수를 통하여 집단 구분 함수식(판별식)을 도출하고, 소속된 집단을 예측하는 목적으로 사용한다.

－연속형 독립 변수들의 선형 조합을 통해 집단을 분류하고 예측하는 분석 방법이다.

－오분류율이 최소가 되는 판별 함수를 도출하고 판별 능력을 평가한다.

－판별 함수: 분류를 위한 기준으로 판별 점수를 산출한다.

7) 층화 추출: 동질적 소집단을 단순 무작위로 표본을 추출하는 방법이다.

3.9 베이지안 기법

양적 분석 방법 중 하나로, 사건의 발생 가능성을 확률로 수치화해 정책 결정을 돕는 기법이다.

(1) 조건부 확률

－특정 사건이 발생했다는 가정하에 다른 사건 발생 확률, 두 사건 A, B에 대하여 서로를 조건 하는 조건부 확률은 다음과 같이 정의된다.

① 사건 A 조건하에 사건 B가 발생할 확률: $P(B|A)$

② 사건 B 조건하에 사건 A가 발생할 확률: $P(A|B)$

(2) 베이즈 정리

－사전/사후 확률 사이의 관계를 말한다.

－신규 데이터를 기반으로 베이지안 확률을 갱신하는 방법이다.

* 베이지안 확률: 특정 사건이 포함된다는 주장에 대한 신뢰도를 의미한다.

(3) 나이브 베이즈 분류

－모든 독립 변수가 서로 동등하고 독립적으로 기여한다고 가정한다.

－관측치가 종속 변수 각 범주에 속할 확률을 구하고, 가장 큰 범주에 할당한다.

－쉽고, 빠르고 정확도가 높다고 평가받고 있어, 실시간/텍스트 분류에 사용한다.

－베이지안 추론의 대표적인 방법이다.

3.10 딥 러닝 분석

: 대용량 비정형 데이터 분석을 위한 인공 신경망 기반 알고리즘

1) 합성곱 신경망(CNN)

－이미지 처리에 특화된 딥 러닝 알고리즘이다.

－이미지 특징 추출하는 합성곱과 폴링 영역으로 구성된다.

① 합성곱

－이미지 데이터로부터 특징을 추출한다.

－특성 맵은 합성곱을 거치며 작아진다.

－패딩은 이미지 주변에 테두리를 추가하여 사이즈를 조정한다.

② 폴링

－합성곱 과정을 거친 데이터를 요약한다.

－추출한 특징은 유지하면서 데이터 사이즈를 줄일 수 있다.

2) 순환 신경망(RNN)

: 내부의 순환 구조가 포함되어 있기 때문에 시간에 의존적이거나 순차적인 데이터
(Sequential data) 학습에 활용되며 순환 구조에 의해 현재 정보에 이전 정보가 쌓이면
서 정보 표현이 가능하다.

3) 생성적 적대 신경망(GAN)

: 두 개의 모델을 적대적으로 경쟁시키며 발전하는 모델, 생성형 인공 지능 방식으로 실제
데이터와 비슷한 확률 분포를 가지는 허구 데이터를 생성한다.

3.11 비정형 데이터 분석

: 정형화되지 않은 이미지, 영상, 텍스트, 음성, 로그 등의 데이터를 의미한다.

1) 텍스트 마이닝

: 특징 추출, 요약, 분류, 군집화 등으로 의미를 추출하는 분석 방법으로 입력된 텍스트를
정형화하여 번역하는 과정을 거친다. 이를 평가하기 위한 지표로 재현율과 정밀도 같은
지표를 사용할 수 있다.

－특징 추출: 문서 내의 중요 정보, 원하는 정보를 추출한다.

－문서 요약: 문서의 주요 정보를 유지하고 복잡도와 길이를 요약한다.

－문서 분류: 문서 내용을 분석해 정의된 카테고리로 분류한다.

－문서 군집화: 유사도를 기반으로 관련성 높은 문서끼리 군집화한다.

－감정 분석: 텍스트에 내재된 의견, 감성을 분석하는 방법이다.

−텍스트 인코딩−원핫 인코딩: n개의 단어를 n차원의 벡터로 표현하는 방식으로 단어가 늘어날수록 필요 공간이 늘어난다는 단점이 있다.

2) 사회 연결망 분석(SNA)

: 개인, 집단, 사회의 관계를 네트워크 구조로 분석하고 시각화하는 방법으로 시험에 자주 나온다.

−명성(Prominence): 권력 또는 책임을 가지고 있는 객체를 확인한다.

−응집력(Cohesion): 객체 간 직접적 연결 존재를 확인한다.

−범위(Range): 객체의 네트워크 규모를 말한다.

−중개(Brokerage): 다른 네트워크와의 연결 정도를 말한다.

−구조적 등위성(Equivalence): 한 네트워크의 구조적 지위와 역할이 동일한 객체들 간의 관계를 말한다.

−연결 정도 중심성: 직접 연결된 노드들의 합을 기반으로 측정한다.

−근접 중심성: 모든 노드로의 최소 거리를 기반으로 측정한다.

−매개 중심성: 다른 노드를 사이의 위치하는 정도를 나타내는 지표이다.

−위세 중심성: 연결된 노드의 영향력에 가중치를 주어 측정한다.

3) 텍스트 시각화

: 워드 클라우드와 의미 연결망 분석이 있다.

(1) 워드 클라우드

: 키워드, 개념 등을 직관적으로 파악할 수 있도록 핵심 단어를 시각적으로 표현하는 기법으로 많이 언급되는 단어를 크게 표현하고 색을 달리 표현한다. 단답형으로 출제된다.

(2) 의미 연결망 분석

: 단어들의 구조적 관계를 통해 의미 분석, 개념 간의 연결 상태를 링크로 표현한다.

3.12 앙상블 분석

: 주어진 데이터를 이용해 여러 개의 모형을 합쳐 예측 모형을 생성한 후 예측 모형의 예측 결과를 종합하여 하나의 최종 예측 결과를 도출해 내는 방법이다. 앙상블 분석 문제는 시험에 가장 많이 출제되는 주제로 개념, 종류의 특징까지 모두 알아야 한다. 앙상블 기법은 상호 연관성이 낮을수록 성능이 향상되는 특징을 가진다.

1) 배깅(Bagging:Bootstrap Aggregation)
- 배깅은 샘플을 여러 번 뽑아(Bootstrap) 각 모델을 학습시켜 결과물을 집계하는 방법으로 여러 개의 분류기를 생성하고, 결합(앙상블)하는 것이다.
- 단일 seed 하나의 값을 기준으로 데이터를 추출하여 모델을 생성해 내는 것보다, 여러 개의 다양한 표본을 사용함으로써 모델을 만드는 것이 모집단을 잘 대표할 수 있게 된다.
- 훈련 세트에서 중복을 허용해서 샘플링하는 방법을 배깅이라고 한다.
- 훈련 세트에서 중복을 허용하지 않고 샘플링하는 방법을 페이스팅이라고 한다.

2) 랜덤 포레스트(Random forest)
- 의사 결정 나무 기반의 앙상블 기법으로 기본 배깅에 변수를 랜덤으로 선택하는 특징 배깅 과정을 추가한 방법이다.
- 의사 결정 나무가 여러개 모이면 랜덤 포레스트가 된다.
- 여러 의사 결정 나무를 앙상블하여 과적합을 방지할 수 있다.

3) 부스팅(Boostion)
- 가중치를 활용하여 약 분류기를 강 분류기로 만드는 방법이다.
- 오답 노트와 비슷한 개념으로 틀린 케이스에 가중치를 추어 이를 해결하는데 초점을 둔다.
- 잘못 분류된 데이터에 집중하여 새로운 분류 규칙을 만드는 단계를 반복한다.

3.13 분석 모형 평가

데이터가 범주형, 연속형 또는 지도 학습, 비지도 학습에 따라서 평가 방식이 달라질 수 있다.

1) 분석 모형 평가 기준
- 일반화의 가능성: 데이터를 확장하여 적용할 수 있는지에 대한 평가 기준으로 모집단 내의 다른 데이터에 적용해도 안정적인 결과를 제공하는지를 평가한다.
- 효율성: 적은 입력 변수가 필요할수록 효율성이 높은 것으로 평가한다.
- 예측과 분류의 정확성: 정확성 측면에서 평가한다.

2) 혼동 행렬

		실제	
		Ture	False
예측	Ture	Ture Positive(TP)	False Positive(TP)
	False	False Negative(FN)	Ture Negative(FN)

$$정확도 = \frac{TP+TN}{TP+FP+FN+TN}$$

$$정밀도 = \frac{TP}{TP+FP}$$

$$재현율 = \frac{TP}{TP+FN}$$

$$F1\ Score = 2 * \frac{정확도 * 정밀도}{정확도 + 정밀도}$$

- 혼동 행렬은 훈련을 통한 예측 성능을 측정하기 위해 예측값과 실제값을 비교하기 위한 표이다. 각 지표들이 헷갈릴 수 있으니 윗 줄은 P가 뒤에 붙고, 아래 줄은 N이 뒤에 붙는데 F순서가 바뀐다고 암기해 보자.
- 정확도: 실제 데이터와 예측 데이터를 비교하여 같은지 판단하는 지표이다. (TP+TN)/전체
- 정밀도: 긍정으로 예측한 데이터를 비교해 같은지 판단하는 지표이다. 예측값이 TRUE 인 것중에 실제값이 TRUE인 비율이다. (TP/TP+FP)
- 재현율: 실제 긍정인 대상 중 실제와 예측값이 일치하는 비율이다. 실제값이 TRUE인 것 중 예측치의 비율로 나타낼 수 있다. ⇨ TP/(TP+FN)
- 특이도: 모형을 평가하는 지표로 실제값이 FALSE인 것 중에서 예측한 것이 FALSE인 적중 비율을 말한다. ⇨ FN/(FP+TN)
- F1 Score: 정확도와 재현율을 보장하기 위해 만들어낸 지표이다. 정밀도와 재현율 두 가지 지표를 결합한 조화 평균으로 나타내며, 값이 클수록 모형이 정확하다. F1 Score를 계산하기 위해서 정확도와 정밀도를 먼저 구해야 한다.

3) 회귀 모형의 결정 계수

(1) 결정 계수(R^2)
- 선형 회귀 분석의 성능 검증 지표로 많이 이용한다.
- 회귀 모형이 실제값을 얼마나 잘 나타내는지에 대한 비율을 말한다.
- 1에 가까울수록 실제값을 잘 설명(설명력이 높다.)한다.
- 독립 변수의 개수가 다른 모형의 평가에는 사용이 부적합하다.

(2) Mallow's Cp
- 수정된 결정 계수와 마찬가지로 적절하지 않은 독립 변수 추가에 대한 패널티를 부과한 통계량이다.
- 작을수록 실제값을 잘 설명한다.

4) ROC 곡선

-가로축을 FP Rate로 두고 세로축을 TP Rate로 두어 시각화한 그래프로 분류 모델의 성
 능 평가 방법이다.

-AUC의 값은 항상 0.5~1의 값을 가지며 1에 가까울수록 좋은 모형이다.

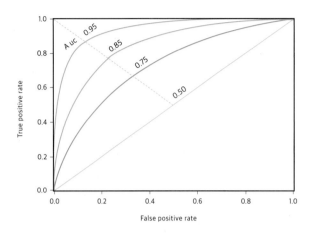

5) 분석 모형 진단

-데이터 분석에서 분석 모형의 진단 없이 사용될 경우 그 결과가 오용될 수 있다.

-분석 소프트웨어 발달로 분석 결과를 쉽게 얻을 수 있지만 선택한 분석 방법이 적절했는
 지에 대해서는 진단이 필요하다.

-분석 모형에 대한 기본 가정을 만족시키지 못했지만 가설 검정은 통과했을 경우가 발생
 할 수 있으므로 선정한 분석 모형에 대한 진단이 필요하다.

 *가설 검정: 가설을 설정하고 채택하는 분석 방법이다.

-선형성: 종속 변수는 독립 변수의 선형 함수다.

-독립성: 독립 변수 사이에는 상관관계가 없어야 한다.

-등분산성: 오차항의 분산은 등분산이다.

-정규성: 오차항의 평균은 0이다.

6) 교차 검증: 모델의 일반화 오차에 대해 신뢰할 만한 추정치를 구하기 위해 훈련, 평가
 데이터를 기반으로 평가하는 방법이다. 교차를 분석하기 위해서는 두 문항 모두 범주형
 변수일 때 사용 가능한 것이 중요한 포인트이다.

(1) k-fold 교차 검증

-데이터를 k개의 fold로 나누어 k-1개는 학습에, 나머지 한 개는 검증에 사용한다.

(2) 홀드 아웃 교차 검증

-데이터를 무작위로 7:3 또는 8:2의 비율로 학습 데이터와 검증 데이터로 나누는 방법이다.

*검증 데이터: 미세 조정을 통해 과대, 과소 적합 문제를 예방하는 데이터이다.

(3) 리브-p-아웃 교차 검증

- 데이터 중 p개의 관측치만 검증 데이터로 사용하고 나머지는 학습 데이터로 사용하는 방법이다.

(4) 부트스트랩

- 주어진 자료에서 단순 랜덤 복원 추출 방법을 통해 동일한 크기의 표본을 여러 개 생성하는 샘플링 방법이다.

- 무작위 복원 추출 방법으로 전체 데이터에서 중복을 허용하여 데이터 크기만큼 샘플을 추출하고 이를 학습 데이터로 한다.

- 전체 데이터 샘플이 N개이고 부트스트랩으로 N개의 샘플을 추출하는 경우 특정 샘플이 학습 데이터에 포함될 확률은 63.2%이다.

- 한 번도 포함되지 않는 샘플들은 평가에 사용한다.

7) 모수 유의성 검정

: 수집된 자료가 통계적으로 유의한 지 판단하는 과정이다.

(1) 모집단과 모수 관계

- 모집단: 분석의 대상, 즉 관심의 대상이 되는 전체 그룹을 말한다.

- 모수: 모집단을 설명하는 어떤 값이다.

- 표본: 모집단 분석을 위해 추출한 한 집단의 관측치를 말한다.

- 통계량: 모집단을 설명하는 어떤 값을 표본으로부터 구한 값이다.

(2) 모수 검정

- 모집단의 분포를 가정하고 표본의 평균, 표준 편차 등을 이용하여 집단 간 차이를 검정하는 방법이다.

(3) 비모수 검정

- 모집단의 분포를 가정하지 않고 집단 간 차이를 검정하는 방법이다. 비모수 검정 방법 중 전/후 관측값의 중앙값 차이가 있는지 검정하는 방법은 부호 검증이다.

(4) 모집단의 평균에 대한 유의성 검정

① Z-검정

- 모집단 분산을 이미 알고 있을 때 분포의 평균을 테스트한다.

② T-검정

- 두 집단 간의 평균을 비교하는 모수적 통계 방법으로, 표본이 정규성, 등분산성, 독립성을 만족할 경우 적용한다.

- 적은 표본으로도 모집단 평균을 추정한다.

-두 집단의 평균를 비교한다.

③ ANOVA(분산 분석)

-두 개 이상의 집단 간 비교를 수행하고자 할 때 집단 간 분산 비교로 얻은 F-분포를 활용하여 가설 검정을 수행한다.

④ 카이 제곱 검정

-두 집단 간의 동질성 검정에 활용한다.

⑤ F-검정

-두 모집단 분산 간의 비율에 대한 검정이다.

-두 표본의 분산에 대한 차이가 유의한가를 판별하는 검정이다.

8) 적합도 검정

: 표본 집단의 분포가 주어진 특정 이론을 따르고 있는지를 검정하는 기법이다.

1. 적합도 검정 기법 유형

① 가정된 확률 검정

-가정된 확률이 정해져 있을 경우 사용하는 방법이다.

-카이 제곱 검정을 이용하여 검정을 수행한다.

② 정규성 검정

-가정된 확률이 정해져 있지 않을 경우 사용하는 기법이다.

-샤피로-윌크 검정, 콜모고로프-스미르노프 적합성 검정을 이용하여 검정을 수행한다.

-시각화를 통한 Q-Q plot을 사용한다.

2. Q-Q plot

-관측치 분포가 정규 분포에 얼마나 가까운지 시각적으로 표현한다.

-대각선 참조선을 따라 분포하면 정규성을 만족한다고 할 수 있다.

-한쪽으로 치우치는 모습이라면 정규성에 위배되었다고 할 수 있다.

3. 상자 그림(Box Plot): 데이터 분포를 시각적으로 나타내는 통계 그래프이다.

-3 사분위수에서 1 사분위수를 뺀값을 (사분위수 범위(IQR)=Q3-Q1)라고 한다.

-중간선의 의미는 50%에 해당하는 Q2(제2 사분위수)에 의미이며 이는 중앙값(median)이다. 평균(mean)과 헷갈리지 말자.

-계산 문제가 출제되며 아래 핵심 문제에서 다룬다.

4. 카이 제곱 검정

−어떤 그룹이 서로 독립인지 아닌지 확인하는 방법이다.

−적합성 검정: 모집단의 분포가 내가 생각한 분포에 적합한가?

−독립성 검정: 두 변수는 서로 독립적인가?

−동일성 검정: 두 집단의 분포가 동일한가?

5. 샤피로−윌크 검정

−데이터가 정규 분포를 따르는지 확인하기 위한 방법이다.

−R에서 sharpiro.test() 함수를 이용하여 검정한다.

6. 콜모고로프 스미르노프 검정

−데이터가 예상되는 분포에 얼마나 잘 맞는지 검정한다.

−카이 제곱과 달리 연속형 데이터에도 적용 가능하다.

−R에서 ks.test() 함수를 이용하여 검정한다. (인자 −x, y, alternative)

3.14 분석 모형 개선

1) 과대 적합

: 학습 데이터에 지나치게 적합하여 일반화되지 않는 것을 말한다.

−학습 데이터에는 성능이 좋지만 검증 데이터에는 성능이 좋지 않다.

−파라미터 수가 많거나 학습용 데이터 양이 부족한 경우 발생한다.

2) 과대 적합 방지

: 학습 데이터 수 증가, 가중치 규제, 교차 검증 등의 방법을 활용한다.

(1) 학습 데이터 수 증가

−데이터의 양이 적을 경우 데이터를 변형해서 늘릴 수 있다.

−오버 샘플링이나 언더 샘플링 기법을 사용하여 수를 늘릴 수 있다.

(2) 가중치 규제

−개별 가중치 값을 제한하여 모델을 간단하게 하는 방법이다.

−많은 수의 매개 변수를 가진 모델은 과대 적합 될 가능성이 크다.

(3) 교차 검증

−매번 검증 데이터를 다르게 하기 때문에 과대 적합 가능성을 낮춘다.

3) 분석 모형 융합

1. 취합 방법론
① 다수결
−여러 모형의 결과를 종합하여 다수결로 나온 모형을 최종 모형으로 설정하는 방법이다.

−여러 분류기로 학습시킨 후 투표를 통해 최종 모형을 선택한다.

−직접 투표(단순 투표 방식)와 간접 투표(가중치 투표 방식)가 있다.

② 배깅
−학습 데이터의 중복을 허용하며 학습 데이터 세트를 나누는 기법으로 복원을 추출하는
 방법이다.

−중복을 허용하기 때문에 특정 학습 데이터는 중복으로 사용되고 특정 학습 데이터는 사
 용되지 않아 편향될 가능성이 있다.

③ 페이스팅
−학습 데이터를 중복하여 사용하지 않고 학습 데이터 세트를 나누는 기법이다.

−비복원 추출 기법

④ 랜덤 서브 스페이스
−다차원 독립 변수 중 일부 차원을 선택한다.

−학습 데이터를 모두 사용하고 특성은 샘플링하는 방식이다.

⑤ 랜덤 패치
−학습 데이터와 독립 변수 차원 모두 일부만 랜덤하게 사용한다.

−학습 데이터, 특성 모두 샘플링하는 방식이다.

⑥ 랜덤 포레스트
−의사 결정 나무를 개별 모형으로 사용하는 모형 결합 방법이다.

−모든 독립 변수를 비교하여 최선의 독립 변수를 선택하는 것이 아니라 독립 변수 차원을
 랜덤하게 감소시킨 다음 그 중에서 독립 변수를 선택한다.

−개별 모형들 사이의 상관관계가 줄어들기 때문에 모형 성능의 변동이 감소된다.

분석 결과 해석

1. 분석 모형 해석

해석 가능한 모형	순열 변수 중요도	부분 의존도 plot
간단하고 직관적이나 정확도가 낮다.	대표적인 변수 중요도 방법이다.	중요 변수를 1~2개 선택한 후 어떤 영향을 미치는지 확인한다.

2. 데이터 시각화 유형

목적	설명	기법
시간	시간 흐름에 따른 변화를 표현한다.	막대그래프, 점그래프
분포	분류에 따른 변화를 표현한다.	파이 차트, 도넛 차트, 트리맵
관계	집단 간 상관관계를 표현한다.	산점도, 버블차트, 히스토그램
공간	지도를 통해 시점에 따른 경향, 차이를 표현한다.	상관 분석, 회귀 분석

3. 분석 결과 시각화

3.1 시공간 시각화의 종류
－시간에 따른 데이터 변화를 표현한다.
－시계열 데이터에 주요 관심 요소는 경향성으로 추세를 알아볼 수 있다.
－유형
① 막대그래프
－특정 범주를 나타내는 그래프

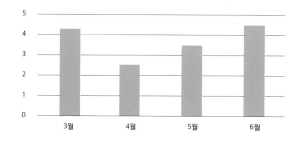

② 누적 막대그래프
－막대를 사용하여 전체 비율을 표현한다.

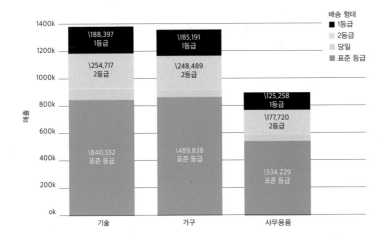

③ 선그래프

－수량을 점으로 표시하고 선분으로 이어 그린 그래프이다.

④ 영역 차트

－값에 따라 크기 변화를 보여 준다.

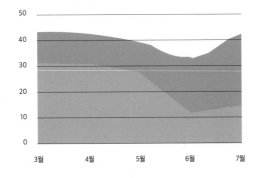

3.2 공간 시각화의 종류

－지도 위에 공간을 표현하는 방법이다.

① 등치 지역도

② 도트 플롯 맵

-위도 경도의 좌표점이다.

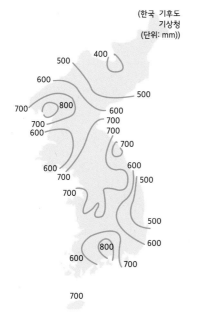

③ 등치선도

-지리적 위치를 선으로 이어 표현한다.

(한국 기후도
기상청
(단위: mm))

④ 카토그램
－지역 크기를 의미에 따라
  조정한다.

3.3 관계 시각화의 종류
변수 간 존재하는 연관성이나 패턴을 찾기 위해 사용한다.
① 산점도
－두 변수의 관계를 점으로 표시한 것이다.

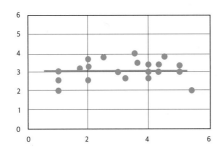

② 산점도 행렬
－모든 수치형 변수 간의 산점도를 나타낸 것이다.

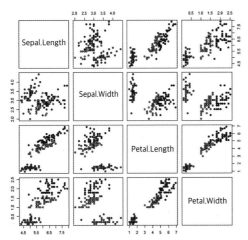

③ 버블 차트

−점이 아닌 버블 크기로 표시한다.

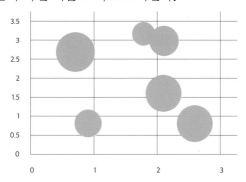

④히스토그램

−막대 형태로 도수 분포를 표시한다.

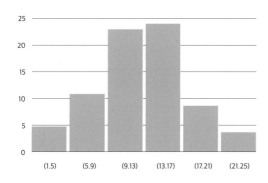

3.10 기타 용어

기타 용어라고 해서 참고만 하는 주제가 아니라 시험에 자주 나오는 유형을 정리해 놓은 주제이다. 반드시 암기하자.

• 제1 종 오류: 귀무 가설이 참인데도, 귀무 가설을 기각하고 대립 가설을 수용하는 오류이다. 즉, 실제로 사실인데 허위라고 결론을 내린 오류이다.
• 제2 종 오류: 귀무 가설이 참이 아닌데도 귀무 가설을 수용하는 오류이다. 일반적으로 제2 종 오류가 더 위험하다.
• 유의 수준(위험 수준): 제 1종 오류를 범할 확률이다.
• 제1 주성분: 통계 결과에서 전체 변동을 가장 많이 설명할 수 있는 변수의 선형 조합을 의미하며, 분산이 커야 한다.
• 모분산 추정: 두 개 이상의 표본으로부터 얻은 분산을 사용하여 모집단의 분산을 추정하

는 것으로 t분포가 아닌 f분포로 가능하다.

- 표본 오차: 모집단을 대표할 수 있는 표본 단위들이 조사 대상으로 추출되지 못함으로써 발생하는 오차이다.

- 점 추정: 모집단의 특성을 참값으로 추정되는 하나의 단일한 값으로 추정하는 방법 이다.

- 비표본 오차: 표본 오차를 제외한 모든 오차이며, 조사 대상이 증가할수록 오차가 더 많이 발생한다.

- 포아송 분포: 이산형 확률 분포 중 주어진 시간 또는 영역에서 어떤 사건의 발생 횟수를 나타내는 확률 분포이다.

- 이익 도표(향상도 곡선): 이산형 확률 분포 중 주어진 시간 또는 영역에서 어떤 사건의 발생 횟수를 나타내는 확률 분포이다.

- 공간 분석: 공간적 차원과 관련된 속성들을 지도 위에 생성하여 새로운 인사이트(지식)을 얻는 분석 방법이다.

- 계층적 군집 모델: 군집의 개수를 미리 정하지 않아도 되는 모델이다.

- 공간 분석: 공간적 차원과 관련된 속성들을 지도 위에 생성하여 새로운 인사이트(지식)을 얻는 분석 방법이다.

- 파생 변수: 기존의 변수를 조합하여 새로운 변수가 생성된 것으로 매우 조관적일 수 있으므로 논리적 타당성을 갖춰야 한다.

- 다중 대치법: 단순 대치법을 한 번 하지 않고, m번의 대치를 통한 m개의 완전한 가상의 자료를 만들어서 분석하는 방법이다. 대치 ➪ 분석 ➪ 결합 3단계의 과정을 가진다.

- ESD 알고리즘: 평균으로부터 3 표준 편차만큼 떨어져 있는 값을 이상치로 판단하는 알고리즘이다.

- Durbin Waston test: 자기 상관이 있는가에 대한 것을 실험하는 검정이다.

- t값: 추정치 / 표준 오차

- 계통 추출 방법: 구간을 나누고 m개를 표본 선택한다. 즉, 매번 k번째 항목을 표본으로 추출하는 방법이다.

- 활성화 함수: 신경망 모형에서 입력받은 데이터를 다음 층으로 어떻게 출력할지를 결정하는 함수이다.

- 분류 모델 평가 지표 3가지: 혼동 행렬, ROC Curve, 향상도 곡선

- 소프트맥스(softmax) 함수: 신경망 모델에서 출력값 z가 여러 개로 주어지고 목표치가 다범주인 경우 각 범주에 속할 사후 확률을 제공하여 출력층(출력 노드)에 주로 사용되는 함수 용어이다. 0~1사이의 값을 가지며, 출력값의 합이 1이 된다.

- 유전자 알고리즘: 생명의 진화를 모방하여 최적해를 구하는 알고리즘이다.

- 코사인 유사도: 벡터 내적을 기반으로 한 유사성을 측정하는 측도이며, 단답형으로 자주 나온다.
- 실루엣: 자주 나오는 주제이다. 군집 내 응집도와 분리도를 계산하여 실루엣의 완벽한 군집은 1, 그렇지 않으면 −1의 값을 가지는 지표이다.
- 인포그래픽: 중요 정보를 하나의 그래픽으로 표현해서 보는 사람들이 쉽게 정보를 이해할 수 있도록 만드는 시각화 방법이다.
- k−medoids: 이상값 자료에 민감한 K−평균 군집의 단점을 보완하기 위한 군집 방법이다.
- 혼합 분포 군집 모델: 다음 중 군집의 개수를 미리 정하지 않아도 되어 탐색적 분석에 사용하는 군집 모델이다. 군집의 크기가 작을수록 추정이 어려워지며, 커지면 시간이 오래걸리므로 적당한 군집 크기 선정이 중요하다. 혼합 분포 군집 모델에서 최대 가능도와 관련이 있는 알고리즘이 가끔 출제된다. EM의 M을 MAX로 암기해 보자.
- 마할라노비스 거리: 통계적 개념이 포함되어 변수들의 산포와 이를 표준화한 거리를 의미하며, 두 벡터 사이의 거리를 표본 공분산으로 나누어 거리를 계산한다.
- 웹 크롤링: 웹 페이지에서 데이터를 자동으로 수집하기 위한 방법이다.
- 스태밍(stemming): 단어의 원형 또는 어간을 찾아내는 것이다.
- 코퍼스: 비구조화된 텍스트의 모음이다.
- MSR: 회귀 모델의 설명력에 대한 추정량이다.
- MSE: 오차항의 분산 불편 추정량이다.

3.16 3과목 데이터 분석 핵심 문제

3과목의 핵심 문제는 계산, 결과 해석, 단답형 문제로 구성하였다. 나머지 개념들은 기출문제 전체를 통해 여러 번 이해하는 것이 높은 점수를 따는 지름길이기에 3단원 관련 모든 문제를 풀어 보자.

1. 아래 데이터 세트(data set) A, B간의 유사성 측정을 위한 맨해튼 거리 계산 결과는?

물품	A	B
키	180	175
몸무게	65	70

① 10

② $\sqrt{10}$

③ 0

④ $\sqrt{50}$

정답 ①

해설 유클리드 거리와 맨해튼 거리를 구하는 문제는 자주 나오는문제이다. 위 표에서 맨해튼 거리는 (|180−175|+|65−70|)=10으로 계산할 수 있다.

2. 아래 거래 데이터에서 연관 규칙으로 커피 ⇨ 우유의 향상도 값을 구했을 때, 옳은 것은?

품목	거래 건수
커피	100
우유	100
맥주	100
커피, 우유, 맥주	50
우유, 맥주	200
커피, 우유	250
커피, 맥주	200

① 50.0%

② 55.0%

③ 60.0%

④ 65.0%

정답 ①

해설 신뢰도는 P(X∩Y)/P(X)이므로 P(커피와 우유가 동시 포함 거래수)/P(커피)로 나타낼 수 있다. 따라서, (300/1000)/(600/1000)=0.5, 50%이다.

3. 확률 변수 X의 확률은 아래와 같이 나타낼 수 있다. 다음 중 알맞은 것은?

P(X=1)=1/3, P(X=2) =1/6, P(X=3) =1/2

① X가 1혹은 2일 확률은 1/2보다 크다.

② X의 기댓값은 13/6이다.

③ X가 4일 확률은 0보다 크다.

④ X가 1,2,3 중 하나의 값을 가질 확률은 1보다 작다.

정답 ②

해설 복잡한 분석을 해야할 것 같은 문제처럼 보이지만, 기댓값을 구할 수 있는지를 물어보는 단순한 문제이다. X의 기댓값은 E(X)=∑xf(x)로 계산한다. 따라서, 각 X와 확률은 곱한 (1*1/3) +(2*1/6)+(3*1/2) =13/6이 나온다.

4. 아래 거래 데이터에서 연관 규칙 커피⇨우유의 향상도로 옳은 것은?

품목	거래건수
커피	100
우유	100
맥주	100
커피, 우유, 맥주	50
우유, 맥주	200
커피, 우유	250
커피, 맥주	200

① 30.5%   ② 83.3%

③ 50.0%   ④ 93.3%

정답 ②

해설 향상도는 $P(X \cap Y)/P(X)*P(Y)$로 구할 수 있다. 이는 P(커피와 우유가 동시에 포함된 거래수)/(P(커피)*(P(우유))이고, $(300/1000)/(600/1000*600/1000)=0.83$, 83.3%가 된다.

5. ROC 커브는 X축에는 1-특이도, Y축에는 민감도를 나타내 두 평가값의 관계로 모형을 평가한다. 아래 혼동 행렬에서 특이도 값으로 알맞은 것은?

		예측치		합계
		True	False	
실제값	True	TP	FN	P
	False	FP	TN	N
합계		P	N	P+N

① TP/N   ② TN/N

③ TP/(TP+FP)   ④ TP/P

정답 ②

해설 특이도는 TN/(TN+FP)이므로 표에 있는 혼동 행렬의 합계를 반영하여 다시 식을 쓰면, TN/N이 된다.

6. 아래의 오분류표의 민감도 값으로 알맞은 것은?

		예측치		합계
		True	False	
실제값	True	40	60	100
	False	60	40	100
합계		100	100	200

① 0.2   ② 0.4

③ 0.6   ④ 0.8

정답 ②

해설 민감도는 실제값이 TRUE인 값 중에 TRUE로 옳게 판단한 비율이며 이를 식으로 나타내면 TP/(TP+FN)으로 정의된다. 따라서, 40/(40+60)=0.4, 40%로 된다.

7. 상자 그림(BoxPlot)에서 상한(최대값)과 하한(최소값)으로 옳은 것은?

Q1(1사분위수)=4, Q3(3사분위수)=12

① 하한=-6, 상한=22

② 하한=-8, 상한=24

③ 하한=-4, 상한=20

④ 하한=-2, 상한=18

정답 ②

해설 IQR(사분위수 범위)=Q3-Q1=8이며, 상한값=Q3+IQR*1.5=12*8*1.5=24이고, 하한값=Q1-IQR*1.5=4-8*1.5=-8이 된다.

8. 상자 그림(Box Plot)에서 3 사분위수에서 1 사분위수를 뺀 값으로 전체 자료의 중간에 있는 절반의 자료들이 지니는 값의 범위는?

① 사분위수 범위   ② 변동계수

③ 사분위수   ④ 공분산

정답 ①

해설 사분위수 범위(IQR)=Q3-Q1에 대한 설명이다.

9. 확률 변수 X가 확률 질량 함수 f(x)를 갖는 이산형 확률 변수인 경우 그 기댓값을 구하는 식으로 알맞은 것은?

① $E(X)=\sum X^2 f(x)$ ② $E(X)=\sum x^{\wedge} 2 f(x) dx$

③ $E(X)=\sum x f(x)$ ④ $E(X)=f x f(x) dx$

정답 ③

해설 이산형 확률 변수는 3번 보기와 같이 x와 각 확률을 곱한 것을 모두 더하여 기댓값을 구한다.

10. 다음 중 아래 오분류표를 이용하여 구한 F1 값으로 알맞은 것은?

		예측치		합계
		True	False	
실제값	True	200	300	500
	False	500	200	500
합계		500	500	1000

① 4/13　　　　　　　　　　　② 11/20

③ 3/20　　　　　　　　　　　④ 11/100

정답 ①

해설 F1스코어=2*(정밀도*재현율)/(정밀도+재현율)을 구하기 위해서는 정밀도와 재현율을 알아야 한다. 정밀도=TP/(FN+TP)=200/(200+300)=0.4으로 구할 수 있으며, 재현율=TP/(FP+TP)=200/(500+300)=0.25으로 구할 수 있다. 따라서 2*(0.4*0.25)/(0.4+0.25)=4/13가 된다.

11. 아래는 근로자의 임금 등에 대한 데이터에 대한 분석 결과이다. 다음 중 유의 수준 0.05에서 이에 대한 설명으로 옳지 않은 것은?(wage:임금, age:나이, jobclass:직업군)

```
> subset_Wage <- Wage[, c("wage", "age", "jobclass")]
> summary(subset_Wage)
        wage              age            jobclass
  Min.   : 20.09    Min.  :18.00    1. Industrial :1544
  1st Qu. : 85.38    1st Qu.:33.75    2. Information: 1456
  Median : 104.92   Median :42.00
  Mean   : 111.70   Mean  :42.41
  3rd Qu. : 128.68   3rd Qu.:51.00
  Max.   : 318.34   Max.  :80.00


Call:
lm(formula-wage ~ age jobclass + age * jobclass, data=Wage))

Residuals:
       Min       1Q      Median        3Q        Max
   −105.656   −24.568    −6.104     16.433    196.810


Coemcients:
                           Estimate    std. Error    t value    Pr(>izi)
(Intercept)                 73.52831     3.76133      19.548    < 2e−16 ***
age                          0.71966     0.08744       8.230    2.75e−16 ***
jobclass2. Information      22.73086     5.63141       4.036    5.56e−05 ***
age: jobclass2. Information  −0.16017     0.12785      −1.253       0.21
−−−

Signif. codes:      0 '***'  0.001 '**'  0.01 '*'  0.05 '.'  0.1 ' ' 1

Residiual standard error: 40.16 on 2996 degrees of freedom
Multiple R−squared: 0.07483,     Adjusted R−squared: 0.07391
F−statistic: 80.78 on 3 and 2996 DF,    p−value: < 2.2e−16
```

① 나이에 따라 두 직군 간의 임금과 평균 차이가 유의하게 변하지 않는다.

② 위의 회귀식은 유의 수준 0.05에서 임금의 변동성을 설명하는데 유의하지 않다.

③ 직업군이 동일할 때, 나이가 많을수록 임금이 올라가는 경향이 있다.

④ 위 나이가 동일할 때, Information 직군이 Industrial 직군에 비해 평균적으로 임금이 높다.

정답 ②

1번 보기의 직업군에 관한 유의 수준이 ***으로 임금이 올라가는 경향과 유의한 것을 알 수 있으며, 3번 보기의 나이에 따른 직군은 *이 없으므로 유의하지 않다. 결과 맨 아래에 p-value<2.2e-1.6로 유의 수준 0.05이하에서 모델이 통계적으로 유의하기 때문에 2번 보기는 옳지 않다.

12. 아래 데이터 세트 A, B의 유클리드 거리로 알맞은 것은?

	A	B
키	185	180
앉은키	70	75

① 0

② $\sqrt{10}$

③ $\sqrt{25}$

④ $\sqrt{50}$

정답 ③

해설 클리드 거리는 데이터 간의 유사성 지표를 나타내며 식은
$\sqrt{(키A-키B)^2+(앉은키A-앉은키B)^2}$으로, $\sqrt{50}$이 나온다.

13. 아래의 확률을 알고 있다고 가정할 때, 질병을 가지고 진단한 사람이 실제로 질병을 가진 사람일 확률은?

전체 인구 중 해달 질병을 가지고 있는 사람은 10%이며, 진단 결과 전체 인구 중 20%가 해당 질병을 가지고 있다고 진단되었다.
해당 질병을 가지고 있는 사람의 90%는 질병을 가지고 있는 것으로 진단되었다.

① 0.3

② 0.45

③ 0.8

④ 0.9

정답 ②

해설 베이즈 정리에 관한 문제이다. P(A|B)=(P(B|A)*P(A))/P(B)로 사전 확률 P(A)=P(질병)=0.1이며, 사후 확률인 P(B)=P(양성)=0.2이다. 조건부 확률 P(B|A)=0.9이며, 실제로 질병을 가진 사람인 베이즈 확률 P(A|B)를 계산하면, (0.9*0.1)/0.2=0.45로 계산된다.

14. 아래는 피자와 햄버거의 거래 관계를 나타낸 표다. Pizza/Hamburgers는 피자/햄버거를 포함하는 거래 수를 의미하고 (Pizza)/(Hamvurgers)는 피자/햄버거를 포함하지 않은 거래 수를 의미한다. 아래 표에서 피자 구매와 햄버거 구매에 대해 설명한 것으로 가장 알맞은 것은?

	A	A	B
	Pizza	(Pizza)	합계
Hamburgers	2,000	500	2,500

(Hamburgers)	1,000	1,500	2,500
합계	3,000	2,000	5,000

① 연관 규칙 중 "햄버거⇨피자" 보다 "피자⇨햄버거"의 신뢰도가 더 높다.

② 정확도가 0.7로 햄버거와 피자의 구매 관련성은 높다.

③ 지지도가 0.6로 전체 구매 중 햄버거와 피자가 같이 구매되는 경향이 높다.

④ 향상도가 1보다 크므로 햄버거와 피자 사이에 연관성이 높다고 할 수 있다.

정답 ④

해설 지지도, 신뢰도, 향상도를 모두 구해야 하는 해결할 수 있는 문제이다.

지지도=P(XnY)=2000/5000=0.4이고 신뢰도=P(XnY)/P(X)=0.4/(3000/5000)=1.33이 된다. 향상도는 P(XnY)/(P(x)*P(y))=0.4/((3000/5000)*(2500/5000))=1.33이 되므로 1보다 크기 때문에 연관성이 높다.

15. 다음 headsize 데이터는 25개 가구에서 첫 번째와 두 번째 성인 아들의 머리 길이(head)와 머리 폭(breadth)을 보여 준다. 이에 대한 설명 중 가장 옳지 않은 것은?

```
> head(headsize)
              head1      breadth1      head2       breadth2
   [1, ]       191         155          179          145
   [2, ]       195         149          201          152
   [3, ]       181         148          185          149
   [4, ]       183         153          188          149
   [5, ]       196         144          171          142
   [6, ]       208         157          192          152

> str(headsize)
num [1:25, 1:4] 191 195 181 183 176 208 189 197 188 192 ...
−attar(*, "dimnames") = List of 2
...$ : NULL
...$ : chr [1:4]        "head1"       "breadth1"       "head2"       "breadth2"
> out<−princomp(headsize)
> print(summary (out), Loadings=TRUE)
Importance of components:
                        Comp. 1..      Comp. 1.     Comp. 1..     Pr(>izi)
Standard deviation         15.1          5.42          4.12          3000
Proportion of Variance      0.8          0.10          0.06          0.032
Cumulative Proportion       0.8          0.91          0.97          1.000

Loadings:
              Comp. 1        Comp. 2       Comp. 3        Comp. 3
head1          0.570          0.693        −0.442
breadth1       0.406          0.219         0.870         −0.173
head2          0.601         −0.633        −0.209         −0.441
breadth2       0.386         −0.267         0.881
```

① 두 번째 주성분은 네 개의 변수와 양의 상관관계를 가진다.

② 주성분 분석의 결과를 보여 준다.

③ 앞의 두 개 주성분으로 전체 데이터 분산의 91%를 설명할 수 있다.

④ 네 개의 주성분을 사용하면 전체 데이터 분산을 모두 설명할 수 있다.

정답 ①

해설 결과 아래에 Loadings 부분을 보면, 두 번째 주성분인 head2와 breadth2의 comp.2 값이 음수로 음의 상관관계를 가짐을 확인할 수 있다.

16. 아래의 거래 내역에서 지지도가 25%, 신뢰도가 50% 이상인 관계는?

품목	거래건수
A	10
B	5
C	25
A,B,C	5
B,C	20
A,B	20
A,C	15

① A ⇨ C   ② A ⇨ B   ③ B ⇨ C   ④ C ⇨ A

정답 ②

해설 정답인 A⇨B의 지지도는 P(A∩B), 신뢰도는 P(A∩B)/P(A)로 구할 수 있다. 지지도를 구하기 위해서 (A와 B가 동시에 포함된 거래건수)/(전체 거래 수)=(25)/(100)=0.25로 구할 수 있으며, 신뢰도는 지지도/(A의 거래 건수/전체 거래 수)=0.25/(50/100)=0.25/0.5=0.5로 구할 수 있다.

17. 아래는 피자와 햄버거의 거래 관계를 나타낸 표다. Pizza/Hamburgers는 피자/햄버거를 포함하는 거래 수를 의미하고 (Pizza)/(Hamvurgers)는 피자/햄버거를 포함하지 않은 거래 수를 의미한다. 아래 표에서 피자 구매와 햄버거 구매에 대해 설명한 것으로 가장 알맞은 것은?

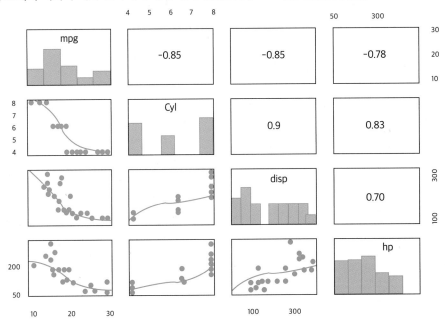

① hp 분포는 아래쪽으로 꼬리가 긴 분포를 가진다.

② mpg와 disp는 거의 선형 관계를 가진다.

③ cyl은 선형 관계가 잇어 보이나 분포도 상 범주형 변수인 걸 알 수 있다.

④ mpg와 hp의 선형 계수는 0.9이다.

정답 ④

해설 위 그림 윗줄의 mpg와 hp가 만나는 곳을 보면 계수가 0.9가 아닌, −0.78인 것을 확인할 수 있다.

18. 아래는 1988년 서울 올림픽 여자 육상 7종 경기의 기록 데이터를 사용한 주성분 분석(PCA) 결과 이다. 다음의 설명으로 옳지 않은 것은?

```
> heptathion_pca <-prcomp(heptathion2[, −score[, scales=TRUE]
> summary(heptathion_pca)

importance of components:
                        PC1     PC2     PC3     PC4     PC5     PC6     PC7
Standard deviation     2.079   0.948   0.911   0.641   0.544   0.317   0.242
Proportion of Variance 0.618   0.128   0.119   0.044   0.042   0.016   0.009
Cumulative Proportion  0.618   0.746   0.865   0.931   0.973   0.990   1.000
```

① 한 개의 주성분으로 자료를 축약할 때 전체 분산의 61.8%가 설명 가능하다.

② 정보 손실율 20% 이하로 변수 축약을 한다면 세 개의 주성분을 사용하는 것이 적당하다.

③ 첫 번째 주성분의 분산이 가장 크다.

④ 두 개의 주성분으로 자료를 축약할 때 전체 분산의 12.8%가 설명 가능하다.

정답 ④

해설 ④번 보기의 두 개의 주성분으로 자료를 축약하면, 전체 분산에서 0.746 즉, 74.6%가 설명 가능한 것을 확인할 수 있다. 자주 나오는 유형이니 결과 분석법을 알아 두자.

19. 오분류표에서 재현율(Recall)로 옳은 것은?

		예측치		합계
		True	False	
실제값	True	40	60	100
	False	60	40	100
합계		100	100	200

① 0.15 　　　　　　　　② 0.3

③ 0.4 　　　　　　　　④ 0.55

정답 ③

해설 재현율(Recall)=TP/(TP+FN)=40/(40+60)=0.4가 된다.

20. 아래 오분류표를 이용하여 계산된 정밀도 값은?

		예측치		합계
		True	False	
실제값	True	30	70	100
	False	60	40	100
합계		90	110	200

① 3/9　　　　　　　　　② 3/10
③ 4/10　　　　　　　　 ④ 7/11

정답 ①

해설 정밀도는 TP/(TP+FP)으로 구할 수 있다. 주어진 오분류표에서의 정밀도는 30/30+60=3/9이다.

21. Collegd 데이터 프레임은 777개의 미국 소재 대학의 각종 통계치를 포함한다. 각 대학에 재학하는 데 필요한 비율이 졸업율(Grad.Rate)에 미치는 영향을 알아보기 위해 등록금(Outstate), 기숙사비 (Room.board), 교재 구입비(Books), 그 외 개인 지출 비용(Personal)을 활용하기로 했다. 다음 중 아래 결과물의 설명으로 알맞지 않은 것은?

	Grad.Rate	Outstate	Room.Board	Books	Personal
Grad. Rate	1.00	0.57	0.42	0.00	−0.27
Outstate	0.57	1.00	0.65	0.04	−0.30
Room.Board	0.42	0.65	1.00	0.13	−0.20
Books	0.00	0.04	0.13	1.00	0.18
Personal	−0.27	−0.30	−0.20	0.18	1.00

① 위의 결과로 각 변수 간의 인과 관계를 알 수 있다.
② Room.Board와 Outstate 간의 상관관계는 있다고 할 수 있다.
③ Personal과 Grad.Rate, Outstate, Room.Board는 음의 상관 계수를 가진다.
④ Grde.Rate의 값이 커짐에 따라 Books의 값이 커지는 원인을 알 수 없다.

정답 ①

해설 위 그림은 각 변수 간 상관관계를 나타낸 것으로 인과 관계를 알 수는 없다. 인과 관계는 회귀 분석을 활용해야 한다.

22. 다음 중 아래의 표가 나타내는 확률 질량 함수를 가진 확률 변수 X의 기댓값 E(x)로 옳은 것은?

X	1	2	3	4
f(x)	0.5	0.3	0.2	0

① 1.7   ② 2.5
③ 5   ④ 10

정답 ①

해설 기댓값은 X와 f(x)의 곱의 합으로 구할 수 있다. 따라서, (1*0.5)+(2*0.3) +(3*0.2) +(4*0)=1.7이다.

23. 아래 그래프는 392대의 자동차에 대한 연비(mpg)와 엔진 마력(horsepower)을 포함하고 있다. 다음 중 이에 대한 설명으로 알맞지 않은 것은?

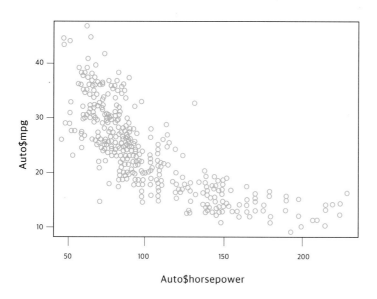

① mpg를 설명하기 위해 horsepower를 설명 변수로 하는 단순 선형 회귀 모델은 적절하다.
② horsepower가 증가할수록 mpg가 감소하는 경향이 있다.
③ mpg와 horsepower 간의 피어슨 상관 계수는 두 변수의 관계를 잘 설명하지 못할 수도 있다.
④ mpg와 horsepower는 음의 상관관계를 가진다.

정답 ③

해설 주어진 그래프에서 산점도를 분석하면, horsepower가 커질 때, mpg가 줄어드는 것을 확인할 수 있어 음의 상관관계를 가지는 것으로 설명할 수 있다.

24. 다음 중 로지스틱 회귀 분석 결과에 대한 설명으로 옳지 않은 것은?

```
#default(채무불이행 여부, yes/no)
#studentsYes (ot
#balance(채무잔액)
#income(연수입)
> model(← gim(default ~ ., data=Default, family=binomial)
> Summary (mode 1)
Call:
gim(default ~ ., family=binomial, data=Default)

Deviance Residuals:
        Min          1Q       Median          3Q          Max
     −2.4691     −0.141.B       0.0557     −0.0203       3.7383

Coemcients:
                    Estimate       Std Error       Z value         Pr(>izi)
(Intercept)        −1.087e+01      4.923e−01       −22.080      < 2e−16 ***
studentYes−6 .     −6.468e−01      2.363e−01        −2.738        0.00619 **
balance             5.737e−03      2.319e−04        24.738      < 2e−16 ***
income              3.033e−06      8.203e−06         0.370        0.71152
− − −
Signif. codes:  0 '***' 0.001 '**' 0.01 '*' 0.05 '.' 0.1 ' ' 1

(Dispersion parameter for binomial family taken to be 1)

Null deviance:   2920.6 on 9999 degrees of freedom
Residual deviance:   2920.6 on 9999 degrees of freedom
AIC: 1579.5

Number of Fisher Scoring iterations: 8
```

① studentYes일 때 채무 불이행(default) 될 확률이 적다.

② income은 default에 통계적으로 유의미한 영향을 주는 변수이다.

③ 로지스틱 회귀 분석은 지도 학습에 해당된다.

④ balance는 default (연체 여부)에 통계적으로 유의미한 영향을 주는 변수이다.

[정답] ②

[해설] 결과 중간에 income의 pr은 0.71152로 0.05(유의 수준)보다 크고 *가 없기 때문에 유의한 변수가 아니다.

25. 아래 데이터는 닭의 성장률에 대한 다양한 사료 보충제의 효과를 측정하고 비교하기 위한 사료 유형별 닭의 무게 데이터이다. summary 함수 결과에 대한 해석 중 옳지 않은 것은?

```
> data("chickwts")
> ummary(chickwts)
        weight               feed
Min.   : 108.0      casein   : 12
1st Qu.: 204.5      horsebean: 10
Median : 258.0      linseed  : 12
Mean   : 261.3      meatmeal : 11
3rd Qu.: 323.5      soybean  : 14
Max.   : 423.0      sunflower: 12
```

① weight의 중간값은 260이다.

② feed의 사료 중 soybean 수가 가장 많다.

③ range(chickwts$weight)의 결과는 108~423이다.

④ feed는 범주형 데이터이다.

정답 ①

해설 weight의 중간값은 Median값으로 258.0이다. Mean은 평균값을 의미한다.

26. 다음은 4개의 데이터 변수를 가진 데이터 프레임 USArrests에 주성분 분석을 적용해서 얻은 결과이다. 제1 주성분 분석을 구하는 식은?

```
> data (USArrests)
> head(USArrests)
```

	Murder	Assault	UrbanPop	Rape
Alabama	13.2	236	58	21.2
Alaska	10.0	263	48	44.5
Arizona	8.1	294	80	31.0
Arkansas	8.8	190	50	19.5
California	9.0	276	91	40.6
Colorado	7.9	204	78	38.7

```
> USA princomp(~princomp (USArrests, cor=TRUE)
> summary(USA_princomp)
```

Importance of components:

	Comp. 1	Comp.2	Comp.3	Comp.4
Standard deviation	1.5748783	0.9948694	0.5971291	0.41644938
Proportion of Variance	0.6200604	0.2474413	0.0891408	0.04335752
Cumulative Proportion	0.6200604	0.8675017	0.9566425	1.00000000

```
> USA_princomp$ loadings
```

Loadings:

	Comp. 1	Comp.2	Comp.3	Comp.4
Murder	0.536	0.418	0.341	0.649
Assault	0.583	0.188	0.268	−0.743
UrbanPop	0.278	−0.873	0.378	0.134
Rape	0.543	−0.167	−0.818	19.5

	Comp. 1	Comp.2	Comp.3	Comp.4
SS loadings	1.00	1.00	1.00	1.00
Proportion Var	0.25	0.25	0.25	0.25
Cumulative Var	0.25	0.50	0.75	1.00

① 0.341 * Murder + 0.268 * Assault + 0.378 * UrbanPop −0.818 * Rape

② 0.418 * Murder + 0.188 * Assault −0.873 * UrbanPop −0.167 * Rape

③ 0.536 * Murder + 0.583 * Assault + 0.278 * UrbanPop + 0.543 * Rape

④ 0.649 * Murder −0.743 * Assault + 0.134 * UrbanPop + Rape

정답 ③

해설 Comp.1에 결과값을 각 주성분에 곱하여 모두 더하면 제1 주성분 분석을 구할 수 있다.

단답형 문제

1. 인간의 뉴런 구조를 본떠 만든 머신 러닝(기계 학습)의 모델은?

> **정답** 인공 신경망
> **해설** 인공 신경망에 관한 문제이다.

2. 아래 빈칸에 알맞은 용어는?

> 인공 신경망의 노드가 많을수록 변수의 복잡성을 학습하기 쉽지만 (　) 문제가 발생한다. 학습 데이터(훈련 데이터)에서는 높은 성능을 보여 주지만, 일반화시키기는 어렵다.

> **정답** 과적합
> **해설** 인공 신경망의 노드가 많으면 과적합 문제가 발생한다.

3. 혼동 행렬(Confusion Matrix, 오분류표)을 활용하여 모형을 평가하는 지표 중 실제값이 FALSE(Negative)인 관측치 중 예측치가 적중한 정도를 나타내는 용어는?

> **정답** 특이도
> **해설** 특이도에 관한 문제이다.

4. 계층적 군집 분석 결과를 아래와 같이 덴도그램으로 시각화하였다고 할 때 Tree의 높이(height)가 60일 경우 나타나는 군집의 수 계산 결과는?

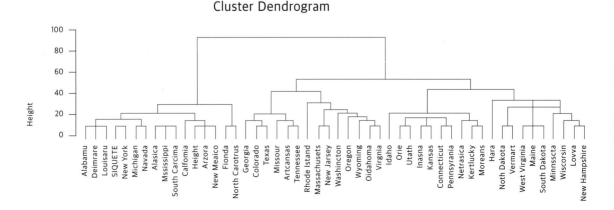

Cluster Dendrogram

정답 3개

해설 문제에서 요구하는 높이가 60에 직선을 그었을 경우, 총 3개의 군집으로 분류된다.

8. 가설 검정 결과에서 귀무 가설이 옳은데도 귀무 가설을 기각하게 되는 오류의 용어는?

정답 제1 종 오류

해설 제1 종 오류에 관한 문제이다.

9. 신경망 모델에서 출력값 z가 여러 개로 주어지고 목표치가 다범주인 경우 각 범주에 속할 사후 확률을 제공하여 출력층(출력 노드)에 주로 사용되는 함수 용어는?

정답 소프트맥스

해설 최소 3개 이상으로 다중 클래스 분류모델을 만들 때 사용하는 활성화 함수로 출력층에 주로 사용된다.

10. 다음 내용에서 설명하고 있는 용어는?

> 이것은 배깅에 랜덤 과정을 추가한 방법이다. 원 자료로부터 부트스트랩 샘플을 추출하고, 각 부트스트랩 샘플에 대해 트리를 형성해 나가는 과정은 배깅과 유사하나, 각 노드마다 모두 예측 변수 안에서 최적의 분할을 선택하는 방법 대신 예측 변수를 임의로 추출하고 추출된 변수 내에서 최적의 분할을 만들어 나가는 방법을 사용한다.

정답 랜덤 포레스트

해설 자주 나오는 문제이다. 예측 변수를 랜덤하게 임의로 추출하고, 다양한 모델을 만드는 앙상블 방법은 렌덤 포레스트이다.

11. 불순도를 측정하는 지표로 노드의 불순도를 나타내는 값이다. 클수록 이질적이며 순수도가 낮다고 볼 수 있으며, CART에서 목적 변수가 범주형일 경우 사용하는 이 지표는?

정답 지니 지수

해설 불순도를 지표로 이질성과 순수도를 분석하는 지표는 지니 지수이다. 객관식에도 나오는 자주 나오는 문제이니 정확하게 파악하자.

12. 인공 신경망에서 동일 입력층에 대해 원하는 값이 출력되도록 개개의 가중치를 조정하는 방법은?

정답 역전파 알고리즘

해설 가중치를 조절하여 편향을 최적화시키며 거꾸로 전파하는 알고리즘은 역전파 알고리즘이다.

13. 최적 방식을 선택하기 위한 방법 중 모든 독립 변수 후보를 포함한 모델에서 시작하여 가장 적은 영향을 주는 변수를 하나씩 제거하면서 더 이상 유의하지 않은 변수가 없을 때까지 설명 변수를 제거하는 방법은?

정답 후진 제거법
해설 제거한다는 키워드에서 후진 제거법임을 알 수 있다.

14. P(A)=0.3, P(B)=0.4이다. 두 사건 A와 B가 독립일 경우 P(B|A)는?

정답 0.4
해설 P(B|A)=P(AnB)/P(A)=(P(A)*P(B))/P(A)=(0.3*0.4) /0.3=0.4이다.

15. 모델 평가 방법 중 주어진 원천 데이터를 랜덤하게 두 분류로 분리하여 교차 검정을 실시하는 방법으로 하나는 모형의 학습 및 구축을 위한 훈련용 자료로, 다른 하나는 성과 평가를 위한 검증용 자료를 사용하는 방법은?

정답 홀드 아웃
해설 데이터 셋을 두 세트(훈련용,검증용)로 분리하여 교차 검증하는 방법은 홀드 아웃이다.

16. 아래의 오분류표를 이용하여 F1-Score 값을 구하시오?

		예측치		합계
		True	False	
실제값	True	30	70	100
	False	60	40	100
합계		90	110	200

정답 0.315
해설 F1스코어를 구하기 위해서는 정밀도와 재현율을 구해야 한다.
　정밀도=TP/(TP+FP)=30/(30+70)=3/10, 재현율=TP/(TP+FN)=30/(30+60)=1/3로 구할 수 있다.

17. 이산 확률 변수 X가 가능한 값으로는 1, 2, 4가 있다. P(X=1)=0.3, P(X=4) =0.50이고 기댓값이 2.7일 때 P(X=2) 는?

정답 0.2
해설 기댓값은 각 X값과 확률들을 곱해서 구할 수 있다.
　기댓값 2.7=(1*0.3) +(2*P(X2))+(4*0.5)식으로 나타내며, X2=0.2가 된다.

18. 아래 거래 데이터에서 연관 규칙 '기저귀⇨맥주'의 향상도는?

거래 번호	구매 상품
1	기저귀, 맥주, 빵
2	기저귀, 맥주
3	기저귀, 빵, 음료수
4	빵, 음료수, 커피

정답 6/8

해설 향상도를 구하기 위해 먼저 지지도를 구한다.

지지도=P(기저기 n 맥주)=기저귀와 맥주 모두 포함/전체=2/4이다.

향상도=P(기저기 n 맥주)/(P(기저기)*P(맥주))=0.5/(0.75*0.5)=8/6이다.

PART 02

과년도 + 최근 기출문제

1과목 데이터 이해

1. DIKW 피라미드 계층 구조의 요소와 사례를 연결한 것으로 옳은 것은?

> (가) A마트의 건전지가 B마트 것보다 3000원 더 싸다.
> (나) A마트의 건전지가 B마트보다 싸다.
> (다) A마트 것으로 구매한다.
> (라) 대체적으로 A마트의 물건이 B마트보다 싸다.

① (가) 데이터 – (나) 정보 – (다) 지식 – (라) 지혜
② (가) 정보 – (나) 데이터 – (다) 지식 – (라) 지혜
③ (가) 지식 – (나) 데이터 – (다) 정보 – (라) 정보
④ (가) 지혜 – (나) 데이터 – (다) 지식 – (라) 정보

정답 ①

해설 DIKW 구별 문제는 필수로 등장한다. (가)는 가격에 대한 단순한 사실을 나타내는 데이터이며, (나)는 사실에 대해서 싸다는 의미를 부여한 정보이다. (다)는 정보를 통해 적용할 수 있는 지식이며, (라)는 지식을 통해 다른 곳에도 전이시킬 수 있는 지혜이다.

2. 다음 중 데이터베이스 관리 시스템(DBMS) 특징으로 옳지 않은 것은?

① 데이터의 무결성
② 프로그래밍의 생산성 향상
③ 응용 프로그램의 종속성
④ 데이터의 중복성 최소화

정답 ③

해설 DBMS는 종속성을 제거하여 데이터의 중복성을 최소화하는 독립성을 가진다.

3. 인터넷의 진화로 수 많은 센서가 인터넷으로 연결되는 사물 인터넷(IoT) 시대로 나아가고 있다. 미래의 빅 데이터 관점에서 볼 때 사물 인터넷과 가장 관계있는 것은?

① 데이터화(Datafication)
② 지능적 서비스(Intelligence Service)
③ 스마트 데이터(Smart Data)
④ 인공 지능(AI)

정답 ①

해설 사물 인터넷은 사물의 동작을 데이터화하여 통신하는 것이다.

4. DIKW 피라미드 계층 구조의 요소와 사례를 연결한 것으로 옳은 것은?

> (가) 대체적으로 A마트의 물건이 B마트보다 싸다
> (나) A마트의 건전지가 B마트보다 싸다.
> (다) A마트의 건전지가 B마트 것보다 500원 더 싸다.
> (라) A마트 것으로 구매한다.

① (가) 지혜 – (나) 데이터 – (다) 지식 – (라) 정보
② (가) 정보 – (나) 데이터 – (다) 지식 – (라) 지혜
③ (가) 지혜 – (나) 정보 – (다) 데이터 – (라) 지식
④ (가) 지식 – (나) 데이터 – (다) 정보 – (라) 정보

정답 ③

해설 중복 문제이다. (다)는 가격에 대한 단순한 사실을 나타내는 데이터이며, (나)는 사실에 대해서 싸다는 의미를 부여한 정보이다. (라)는 정보를 통해 적용할 수 있는 지식이며, (가)는 지식을 통해 다른 곳에도 전이시킬 수 있는 지혜이다.

5. 빅 데이터의 위기 요인과 통제 방안에 대한 설명으로 옳은 것은?

> (가) 사생활 침해의 문제는 데이터 익명화 기술로 근본적인 문제점을 차단할 수 있다.
> (나) 빅 데이터는 일어난 일에 대한 데이터에 의존한다. 그것을 바탕으로 미래를 예측하는 것은 적지 않은 정확도를 가질 수 있지만 항상 맞을 수는 없다.
> (다) 데이터의 오용 피해를 구제할 수 있는 알고리즈미스트의 역할이 증대되고 있다.
> (라) 범죄자들의 성향을 파악하여 사전에 범죄 예측 알고리즘을 활용하여 강력 범죄를 감소시킬 수 있다.

① 가, 다　　　　　　　② 가, 라
③ 나, 다　　　　　　　④ 나, 마

정답 ③

해설 (가)의 사생활 침해는 사용자의 책임으로 해결할 수 있으며, (라)의 사전 범죄 예측 알고리즘은 무고한 사람에게 피해가 갈 수 있어, 행동–결과의 책임으로 해결한다.

6. 일차원적인 분석 애플리케이션 사례로 연결이 옳지 않은 것은?
① 에너지 – 트레이딩, 공급 예측　　　② 온라인 – 사이트 설계
③ 금융 서비스 – 고객의 신용 점수 산정　　④ 소매업 – 사기 탐지

정답 ④

해설 소매업은 수요 예측, 가격 및 제조 최적화 등의 분석 애플리케이션으로 활용한다.

7. 데이터 분석 시에 통찰력을 얻기 위한 방법으로 옳지 않은 것은?
① 비즈니스 핵심적 가치와 관련된 분석 평가 지표를 개발한다.
② 합리적 의사 결정의 장애 요소를 제거한다.

③ 데이터 기반을 통해 의사 결정한다.

④ 업계 내부 문제에만 포커스를 두고 집중하여 분석한다.

정답 ④

해설 통찰력 획득은 업계 내/외부 및 환경 모두를 분석하여야 한다.

8. **빅 데이터의 특징에 대한 설명 중 옳지 않은 것은?**

① 양질의 데이터가 중요하므로 정보 수명 주기보다 데이터 품질 관리가 더 중요하다.

② 데이터 정합성 및 활용의 효율성을 위하여 표준 데이터를 포함한 메타 데이터와 데이터 사전의 관리 원칙을 수립해야 한다.

③ ERD는 운영 중인 데이터베이스와 일치하기 위하여 계속해서 변경 사항을 관리하여야 한다.

④ 빅 데이터 분석 과제 발굴은 다양한 데이터를 활용하기 위해 회사 내 모든 데이터를 활용한다.

정답 ①

해설 빅 데이터 특징에서 중요도를 따로 구분하지 않고, 품질 관리, 수명 주기 관리가 모두 중요하다..

단답형

1. **인공 지능의 한 분류로, 컴퓨터가 스스로 많은 데이터를 분석해서 패턴과 규칙을 찾아내고, 학습된 패턴과 규칙을 활용하여 분류 예측을 하는 기법은?**

정답 머신 러닝(기계 학습)

해설 머신 러닝(기계 학습)에 관한 문제이다.

2. **아래 빈 칸에 공통적으로 들어갈 용어로 알맞은 것은?**

> 기업 및 공공 기관에서는 시스템의 중장기 로드맵을 정의하기 위해 (   )를 수행한다. (   )는 정보 기술 또는 정보 시스템을 전략적으로 활용하기 위하여 조직 내/외부 환경을 분석하여 기회나 문제점을 도출하고 사용자의 요구 사항을 분석하여 시스템 구축의 우선순위를 결정하는 등 중장기 마스터플랜을 수립하는 절차를 의미한다.

정답 정보 전략 계획(ISP)

해설 정보 전략 계획(ISP)에 관한 문제이다.

9. 분석 주제 유형 중 분석의 대상은 알고 있지만 분석 방법을 모르는 경우 선택할 수 있는 방식으로 알맞은 것은?

① 통찰   ② 최적화

③ 발견   ④ 솔루션

정답 ③

해설 분석 대상은 알지만, 분석 방법은 모르는 경우에는 솔루션 방식을 사용한다.

10. 다음은 데이터 분석을 위한 조직 구조에 관한 설명이다. 옳지 않은 것은?

① 집중 조직 구조는 일부 협업 부서와 분석 업무가 중복 또는 이원화될 가능성이 있다.

② 집중 조직 구조는 조직 내에 별도의 독립적인 분석 전담 조직이 구성되고, 회사의 모든 분석 업무를 전담 조직에서 담당한다.

③ 분산 조직 구조는 조직의 인력들이 협업 부서에 배치가 되어 신속한 업무에는 적합하지 않다.

④ 기능 중심의 조직 구조는 별도의 분석 조직을 구성하지 않고 각 해당 업무 부서에서 직접 분석하는 형태이다.

정답 ③

해설 분산 조직 구조는 전사 차원의 우선순위 수립으로 신속한 업무 추진이 가능하다.

11. 프로토타이핑 프로세스에 대한 설명 중 옳지 않은 것은?

① 가설의 생성

② 반복적으로 위험 분석을 수행하여 위험 관리 개선

③ 실제 환경에서의 테스트

④ 디자인에 대한 실험

정답 ②

해설 프로토타이핑 프로세스는 가설 생성 → 디자인 및 실험 → 실제 환경 테스트 → 가설 확인의 과정을 거치는 것으로 2번 보기와는 관련이 없다.

12. 다음 보기의 빈칸에 공통으로 들어갈 용어로 알맞은 것은?

> 현재 비즈니스 모델 및 유사, 동종 사례 탐색을 통해서 빠짐없이 도출한 분석 기회들을 구체적인 과제로 만들기 전에 (   )로 표기하는 것이 필요하다. 풀어야 할 문제에 대한 상세 설명 및 해당 문제를 해결했을 때 발생하는 효과를 명시함으로써 향후 데이터 분석 문제로의 전환 및 적합성 평가에 (   )를 활용하도록 한다.

① 분석 과제 관리 프로세스

② 분석 프로젝트

③ 분석 과제 정의서

④ 분석 유즈 케이스

정답 ④

해설 현재의 비즈니스 모델 및 유사/동종 사례 탐색을 통해 과제 전에 표기하는 것은 분석 유즈 케이스를 말한다.

13. 다음 중 빅 데이터 거버넌스에 대한 설명을 고른 것으로 알맞은 것은?

> (A) 빅 데이터 분석 과제 발굴을 위해서는 회사 내 일부 중요 데이터를 활용해야 한다.
> (B) 양질의 데이터가 중요하므로 정보 수명 주기보다 데이터 품질 관리가 더 중요하다.
> (C) ERD는 운영 중인 데이터베이스와 일치하기 위하여 계속하여 변경 사항을 관리하여야 한다.
> (D) 빅 데이터 거버넌스는 산업 분야별, 데이터 유형별, 정보 거버넌스 요소별로 구분하여 작성한다.

① A, B
② A, B, C
③ C, D
④ B, D

정답 ③

해설 빅 데이터 분석은 다양한 데이터를 활용하기 위해 회사 내 모든 데이터를 이용해야 하며, 데이터 품질 관리와 수명 주기 관리 방안 모두 중요하다.

14. 별도로 분석 조직이 없고 해당 업무 부서에서 분석을 수행하는 데이터 분석 조직의 유형은?

① 분산 구조
② 기능 구조
③ 집중 구조
④ 혼합 구조

정답 ②

해설 기능 구조는 일반적인 분석 수행 구조로 분석 조직이 없는 구조이다.

15. 문제의 정의 자체가 어려울 경우 데이터를 기반으로 문제의 재정의 및 해결 방안을 탐색하는 분석 과제 발굴 방법으로 사물을 있는 그대로 인식하는 "What" 관점에서 접근하는 분석 과제 발굴 방식은?

① 하향식 접근법
② 하이브리드
③ 상향식 접근법
④ 단계별선택

정답 ③

해설 상향식 접근법에 대한 문제이다.

16. 다음 중 마스터플랜을 수립할 때 우선순위 고려 요소로 옳지 않은 것은?

① 실행 용이성
② 데이터 우선순위
③ 전략적 중요도
④ 비즈니스 성과 & ROI

정답 ②

해설 자주 나오는 문제이다. 마스터플랜 수립 시에는 실행 용이성, 전략적 중요도, ROI를 고려한다.

3. 데이터 분석 도입의 수준을 파악하기 위한 분석 준비도의 6가지 구성 요소 중 하나로서 운영 시스템 데이터 통합, 빅 데이터 분석 환경, 통계 분석 환경 등을 진단하는 구성 요소를 의미하는 용어는?

정답 IT 인프라

해설 IT 인프라에 관한 문제이다.

4. 조직이나 기업의 인적 자원이 축적되고 있는 개별적인 지식을 체계화하여 공유함으로써 경쟁력을 향상시키기 위한 기업 정보 시스템은?

정답 지식 정보 관리 시스템(KMS)

해설 지식을 체계화하여 공유하는 기업 시스템은 KMS이다.

3과목 데이터 분석

17. 이상값 자료에 민감한 K-평균 군집의 단점을 보완하기 위한 군집 방법은?

① 퍼지 군집
② 혼합 분포
③ 밀도 기반
④ k-medoids

정답 ④

해설 K-평균 군집의 단점인 이상값 문제를 해결하기 위해서는 K-medoidos(K-중앙 개체 군집) 알고리즘을 이용하여, 중심에 위치한 n개의 객체 중에서 K개의 군집을 찾는 방법으로 해결할 수 있다.

18. 대용량 데이터 속에서 숨겨진 지식 또는 새로운 규칙을 추출하는 과정은?

① 데이터베이스
② 데이터 마트
③ 데이터 마이닝
④ 데이터 웨어하우징

정답 ③

해설 1단원에도 나오는 문제로 데이터 마이닝은 대용량 데이터를 조사해서 새로운 상관 관계, 패턴 추세 등을 발견하는 기법이다.

19. 아래 표는 불순도 측정 결과이다. 지니값으로 옳은 것은?

① 0.25
② 0.32
③ 0.48
④ 0.5

해설 자주 나오는 문제이다. 지니 계수의 불순도 계산 공식 [1−{(색칠X/전체)^2+(색칠O/전체)^2}=[1−(2/5)^2+(3/5)^2]=0.48

20. 아래 표는 회귀 분석 예측 결과이다. 회귀 모델 평가 지표 중 하나인 MAPE값으로 옳은 것은?

실제값	2	4	6
예측값	1.8	3.6	5.4

① 10%　　　　　　　　　② 12%

③ 14%　　　　　　　　　④ 16%

정답 ①

해설 MAPE값은 실제값과 예측값의 차이로 계산한다.

공식:(100%/3)*{(2−1.8)/2+(4−3.6)/4+(6−5.4)/6}=0.1=10%

21. 편향 – 분산 트레이드 오프에 대한 설명이다. 아래 빈칸에 들어갈 용어로 알맞은 것은?

> 머신 러닝 학습 모델이 복잡할수록 분산은 (　　), 편향은 (　　)

① 높고, 낮다　　　　　　　② 높고, 높다

③ 낮고, 낮다　　　　　　　④ 낮고, 높다

정답 ①

해설 머신 러닝 학습 모델이 복잡할수록 분산은 높고, 편향은 낮다.

22. 재표본 과정에서 각 자료에 동일한 확률을 부여하지 않고, 분류가 잘못된 데이터에 더 가중을 주어 표본을 추출하는 분석 기법은?

① 의사 결정 나무　　　　　② 랜덤 포레스트

③ 배깅　　　　　　　　　　④ 부스팅

정답 ④

해설 단답형 및 객관식으로 자주 나오는 문제이다. 이전 모델의 학습 결과를 토대로 다음 모델에서의 가중치를 높게 주어 표본을 추출하는 분석 기법은 앙상블 기법이다.

23. 아래 거래 데이터에서 연관 규칙으로 커피 → 우유의 향상도 값을 구했을 때, 옳은 것은?

품목	거래건수
커피	100
우유	100
맥주	100
커피, 우유, 맥주	50
우유, 맥주	200
커피, 우유	250
커피, 맥주	200

① 30.0%　　　　　　　② 50.5%

③ 83.3%　　　　　　　④ 93.3%

정답 ④

해설 커피 → 우유의 향상도는 {P(커피와 우유가 동시 포함 확률)/(P(커피)/P(우유))}
=(300/1000)/(600/1000)*(600/1000)로 구할 수 있다.

24. 다음은 선형 회귀 분석 결과이다. 분석 결과 해석으로 옳지 않은 것은?(단, 종속 변수 wage(임금), 독립 변수 education(교육 수준 등급) 및 age(나이))

```
> model<- lm(formula=wage ~ education + age, data=Wage)
> Summary (mode 1)
Call:
1mc(formula=wage~education + age, data=wage)

Residuals:
      Min             1Q          Median      3Q           Max
-110.033           -19.635       -3.907      14.441        220.408

Coemcients:
                          Estimate Std.    Error       t value      Pr(>izi)
(Intercept)               60.33579         3.24571     18.589       < 2e-16 ***
education2. HS Grad       11.43865         2.48025     4.612        4.16e-09 ***
education3. Some College24 24.16700        2.60976     9.260        < 2e-16 ***
education4. College Grad  39.76677         2.59031     15.352       < 2e-16 ***
education5. Advanced Degree64 64.98656     2.80838     23.140       < 2e-16 ***
age                       0.56869          0.05719     9.943        < 2e-16 ***

Signif. codes:    0 '***' 0.001 '**' 0.01 '*' 0.05 '.' 0.1 ' ' 1

Residiual standard error: 35.94 on 2994 degrees of freedom
Multiple R-squared:      0.2593, Adjusted R-squared: 0.2581
F-statistic:    209.6 on 5 and 2994 DF,    p-value: < 2.2e-16

> tapply (WageSWage, Wage education, mean)
1. < HS Grad   84.10441  2. HS Grad 95.78335  3. Some College
4. College Grad  124.42791  5. Advanced Degree 150.91778
```

① 모든 독립 변수가 통계적으로 유의하다.

② education 더미 변수의 수는 4이다.

③ 회귀 계수는 종속 변수 wage 평균과의 차이를 의미한다.

④ education 학력이 상승할수록 임금도 상승한다.

정답 ③

해설 해석 문제는 필수 출제 문제로 각 요소들의 뜻만 알면 쉽게 풀 수 있다. ①번 보기의 유의하다는 것을 알기 위해서는 t-value와 p-value를 확인해서 0.05보다 작은 것(*가 있는 것)을 확인하면 된다.

25. 다음 중 분석 기법의 활용 분야가 나머지와 다른 것은?

① 인공 신경망   ② SOM

③ 앙상블 모델   ④ 의사 결정 나무

정답 ②

해설 분석 기법을 구분하는 자주 나오는 문제이다. SOM은 군집 분석에 해당한다.

26. 분석 기법의 특성이 나머지와 다른 것은?

① PCA   ② Hierarchical

③ DBSCAN   ④ K-means

정답 ①

해설 분석 기법을 구분하는 자주 나오는 문제이다. PCA 주성분 분석 기법은 차원 축소 기법에 해당하며, 나머지 기법은 클러스터링 기법이다.

27. 연관 분석의 측정 지표 중 전체 거래 항목 A와 항목 B를 동시에 포함하는 거래의 비율은?

① 지지도   ② 신뢰도

③ 향상도   ④ 민감도

정답 ①

해설 지지도에 대한 문제이다.

28. 두 변수 간의 비선형적인 관계를 파악할 수 있는 값으로 한 변수를 단조 증가 함수로 변화하여 다른 변수를 나타낼 수 있는 상관 계수는?

① 피어슨 상관 계수   ② 스피어만 상관 계수

③ 실루엣 계수   ④ 자카드 계수

정답 ④

해설 비선형적인 관계를 파악하는 상관 계수는 자카드 계수이다. 나머지 계수들도 자주 나오는 문제이므로 모든 계수들의 개념을 파악하자.

29. 데이터 웨어하우스(DW)와 유사한 개념이지만 그보다는 작은 하위 집합으로 주로 구체적인 특정 부서나 프로젝트 등의 작은 단위의 분석을 요구할 때에 사용하는 소규모 데이터 웨어하우스를 지칭하는 용어로 알맞은 것은?

① 데이터 프레임

② 데이터베이스 관리 시스템

③ 데이터 마트

④ 데이터베이스

정답 ③

해설 데이터 마트는 데이터 웨어하우스의 작은 하위 집합으로 소규모 데이터 웨어하우스를 지칭한다.

30. 모집단이 동질적이면서 표본 오차가 적은 표본을 산출할 수 있다는 논리에 기초를 두며, 한 모집단

을 동질적인 소집단들로 나누고 그 집단의 크기에 따라 단순 무작위 표본 추출 방법을 사용하여 표본을 추출하는 방법은?

① 단순 무작위 추출법　　　　② 층화 추출법
③ 군집 추출법　　　　　　　④ 계통 추출법

정답 ②

해설 동질적 소집단을 단순 무작위로 표본을 추출하는 방법은 층화 추출법이다.

31. 변수의 표준화와 함께 변수 간의 상관성을 동시에 고려한 통계적 거리는?

① 마할라노비스 거리　　　　② 유클리드 거리
③ 맨해튼 거리　　　　　　　④ 표준화 거리

정답 ①

해설 표준화와 상관성을 동시에 고려하는 통계적 거리는 마할라노비스 거리이다. 유클리드 거리에 대한 문제도 자주 나오니 개념을 함께 알아 두자.

32. 다음 중 데이터 마이닝 기법을 이용할 때 비지도 학습을 사용해야 하는 것은?

> 가. 비슷한 성향을 가진 고객군을 파악하여 고객 타기팅에 활용한다.
> 나. 고객의 구매 패턴을 분석하여 고객이 구매하지 않는 상품을 추천한다.
> 다. 동일 차종의 수리 데이터를 분석하여 차량 수리에 소요되는 시간을 예측한다.
> 라. 금융 데이터를 이용하여 새로운 소비자들의 대출 여부를 결정한다.

① 가, 나　　　　　　　　　② 가, 다
③ 나, 라　　　　　　　　　④ 다, 라

정답 ①

해설 특정 그룹을 도출하고 패턴을 분석하는 사례는 비지도 학습, 데이터로 예측하고 결정하는 것은 지도 학습에 해당한다.

33. 아래 보기의 사례에서 의미하는 분석 기법으로 알맞은 것은?

> 국내 화장품 스타트업 기업은 이용자의 생년월일, 팔로워 수, 리뷰 작성 등 11개 변수를 활용하여 고객군을, 화장하기 시작한 중고등학생, 언니의 파우치 주축 활동 멤버로 고등학생과 20대 초반 언니의 파우치 활동 대장 20대, 언니들을 보며 배우는 고등학생과 20대 초반, 이벤트만 관심 있고 조용한 30대 진짜 언니들 총 5개 그룹으로 나누었다.

① 군집 분석　　　　　　　　② 회귀 분석
③ 예측 분석　　　　　　　　④ 연관 분석

정답 ①

해설 데이터 간의 유사도를 정의하고 그 유사도에 따라 다양한 그룹(군집)으로 나누어 거리나 상관 계수를 분석하는 분석 기법은 군집 분석이다.

34. 다중 공선성에 대한 설명으로 옳지 않은 것은?

① 두 변수의 VIF값이 '1'에 가까우면 회귀식의 기울기는 완만하다.

② VIF를 구하여 이 값이 10을 넘으면 다중 공선성의 문제가 있는 것으로 판단한다.

③ 다중 공선성 문제를 해결하기 위해 중요하지 않은 변수를 제거한다.

④ 표본수가 증가해도 VIF에서 결정 계수는 크게 변하지 않는다.

정답 ①

해설 VIF는 분산 팽창 요인을 뜻하며, 10이상인 경우 다중 공선성이 존재한다. VIF값은 기울기와는 상관 없다.

35. 분해 시계열에 대한 설명으로 옳지 않은 것은?

① 자료가 어떤 특정한 형태를 취할 때 추세 요인(trend Factor)이 있다고 한다.

② 회귀 분석에서 오차에 해당하는 요인을 불규칙 요인이라고 한다.

③ 순환 요인은 경제 전반이나 특정 산업의 원인으로 나타난다.

④ 고정된 주기에 따라 자료가 변화할 경우 계절 요인이 있다고 한다.

정답 ③

해설 순환 요인은 주기적인 패턴으로 경제 전반이 아닌 경기 변동과 같은 것이 해당한다.

36. 아래 보기가 설명하는 분석 기법으로 옳은 것은?

> - 수학 및 통계학의 확률로가 기댓값을 기반으로 하고 있다.
> - 원인과 결과의 직접적인 인과 관계로 생각해서는 안되며, 두 개 또는 그 이상의 품목들 사이의 상호 관련성으로 해석해야 한다.
> - 고객이 동시에 구매한 장바구니를 살펴봄으로써 거래되는 상품들의 관련성을 발견, 분석한다.
> - 조건과 반응(if-then)의 형식이다.

① 분류   ② 연관성 분석

③ 예측   ④ 군집

정답 ②

해설 품목들 사이의 관련성을 발견하여 연관성 규칙을 추론할 때 사용하는 것은 연관성 분석이다.

37. 주성분 수의 결정에 대한 설명으로 옳지 않은 것은?

① 고유값이 1에 가까운 값을 선택한다.

② 고유값이 평균값 이상이 되도록 주성분을 제거한다.

③ 주성분들이 설명하는 총 분산의 비율이 70~90% 사이가 되는 주성분의 개수를 선택할 수도 있다.

④ 스크리 그래프(Scree Plot)를 통해서 분산 감소가 급격하게 줄어들어 주성분의 개수를 늘릴 때 얻게 되는 정보의 양이 상대적으로 미미한 지점에서 주성분의 개수를 정할 수 있다.

정답 ②

해설 주성분은 제거하는 것이 아니라 스크리 그래프가 완만해지는 주성분을 찾는 것이다.

38. 다음 상자 그림에 대한 설명으로 옳은 것은?

```
> data(airquality)
> df <- boxplot(airquality$Ozone)
> df$stats
      [, 1]
[1, ]   1.0
[2, ]  18.0    #1 사분위
[3, ]  31.5
[4, ]  63.5    #3 사분위
[5, ] 122.0
```

① 평균은 31.5이다.

② 데이터의 IQR는 45이다.

③ Q1 – 1.5 X IQR 또는 Q3 +1.5 X IQR을 벗어난 데이터를 이상값으로 판단한다.

④ Q3보다 큰 데이터는 전체 데이터의 50% 이상이다.

정답 ③

해설 IQR(Q3-Q1)=45.5이고, 결과에서 평균이 아닌 중앙값 Q2는 31.5임을 알 수 있다.. Q4가 122.0이기 때문에 중앙값(Q2)에서 Q1까지의 값보다 차이가 큼을 알 수 있기에 50%이상이다.

39. 아래 보기의 R matrix() 결과로 옳은 것은?

```
> m<-matrix(c(1,2,3,4,5,6),ncol=2, byrow=TRUE)
> m
```

①   [,1] [,2]
[1,] 1 2
[2,] 3 4
[3,] 5 6

②   [,1] [,2]
[1,] 1 4
[2,] 2 5
[3,] 3 6

③   [,1] [,2] [,3]
[1,] 1 4 5
[2,] 2 4 6

④   [,1] [,2] [,3] [,4] [,5] [,6]
[1,] 1 2 3 4 5 6

정답 ①

해설 c(1,2,3,4,5,6)의 값을 ncol=2, byrow=TRUE는 2열의 행렬에 값에 행방향으로 채워 넣는 것을 의미한다.

40. 아래 보기에서 사회 연결망(SNA) 노드 D04의 연결 정도 중심성(Degree Centrality)은?

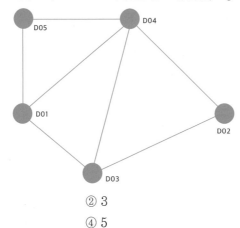

① 1   ② 3

③ 4   ④ 5

정답 ③

해설 연결 정도 중심성=자기 자신과 연결된 엣지 수/(총 노드의 수 − 1)

D04에 연결된 엣지 수=4, 총 노드의 개수=5이므로 4/(5−1)=1이 된다.

단답형

5. Cluster1과 Cluster2에 속하는 데이터 중 가장 가까운 데이터들의 거리이며 군집 간의 거리로 정의되는 군집 방법은?

정답 최단 연결법(단일 연결법)

해설 가장 가까운 데이터들의 거리라는 키워드에서 최단 연결법임을 알 수 있다.

6. 베이즈 추론을 기반으로 한 방법론의 정확도는 일반적으로 머신 러닝의 대표적인 방법인 랜덤 포레스트나 트리 분류 방법보다도 높다고 평가받고 있다. 베이지안 추론을 활용한 대표적 분류 방법 알고리즘은?

정답 나이즈 베이즈 분류

해설 베이즈 추론 키워드에서 나이즈 베이즈 분류임을 알 수 있다.

7. 텍스트 마이닝의 전처리 과정 중에서 변형된 단어 형태에서 접사 등을 제거하고 그 단어의 원형 또는 어간을 찾아내는 것을 지칭하는 용어는?

정답 스태밍(stemming)

해설 단어의 원형 또는 어간을 찾아내는 것은 스태밍이다.

8. 다음 주어진 자료는 USArrests 데이터에 대한 주성분 분석을 수행한 R 스크립트와 그 결과값이다. 첫 번째 주성분 하나가 전체 분산의 몇 %를 설명하는가? (단, 소수 둘째 자리에서 반올림)

```
> pca_result <- prcomp(USArrests, scale=TRUE)
> summary(pca_result)
                        PC1        PC2        PC3        PC4
Standard deviation      1.5748783  0.9948694  0.5971291  0.41644938
Proportion of Variance  0.6200604  0.2474413  0.0891408  0.04335752
Cumulative Proportion   0.6200604  0.8675017  0.9566425  1.00000000
```

정답 62.0%

해설 주성분 분석 결과의 PC1의 누적 기여율(Cumulative Proportion)이 62%인 것에서 전체 분산인 62%를 대변한다.

9. 재표본 과정에서 각 자료에 동일한 확률을 부여하지 않고, 분류가 잘못된 데이터에 더 가중을 주어 표본을 추출하는 앙상블 분석 기법은?

정답 부스팅

해설 가중치를 주어 표본을 추출하는 앙상블 분석 기법은 부스팅이다.

10. 시계열의 수준에서 나타내는 변화를 제거하여 시계열의 평균 변화를 일정하게 만드는 것을 의미하며, 자료가 추세를 보이는 경우에는 현 시점의 자료값에서 전 시점의 자료를 빼는 방법을 통해 비정상 시계열을 정상 시계열로 변환해주는 방법은?

정답 차분

해설 현 시점의 자료값에서 전 시점의 자료를 빼는 시계열 변환 방법은 차분 방법이다.

1과목 데이터 이해

1. 아래 SQL 명령 DML에 해당되는 항목으로 옳은 것은?

> (A) DELETE (B) INSERT (C) SELECT (D) UPDATE (E) CREATE

① (A),(B),(C),(D)
② (A),(B),(C)
③ (A),(B),(C),(D),(E)
④ (A),(B)

정답 ④

해설 DML에는 SELECT, INSERT, UPDATE, DELETE가 해당되며 CREATE는 DDL이다.

2. 다음 중 딥 러닝(Deep Learning)과 가장 관련이 없는 분석 방법은?

① LSTM
② SVM
③ RNN
④ Autoencoder

정답 ②

해설 SVM은 지도 학습 머신 러닝 모델이며, 딥 러닝 기반의 모델이 아니다.

3. 아래는 고객과 상품의 대응 관계를 도식화한 것이다. 대응비(Cardinality Ratio) 관점에서 두 객체 간의 관계로 알맞은 것은?

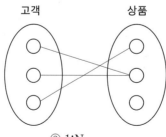

① 1:1
② 1:N
③ N:1
④ N:N

정답 ③

해설 그림을 해석하면 하나의 상품이 여러 고객에게 대응되는 것을 볼 수 있다. 따라서, N(고객):1(상품)이 정답이다.

4. 머신 러닝 학습 방법이 나머지와 다른 하나는?

① 감성 분석
② 분류 분석

③ 군집 분석   ④ 회귀 분석

정답 ③

해설 군집 분석은 비지도 학습에 해당한다. 분류 분석, 감성 분석, 회귀 분석은 모두 지도 학습에 해당되는 머신 러닝 학습이다.

5. 인문학 열풍의 외부 환경적인 측면으로 옳지 않은 것은?

① 단순 세계화에서 복잡한 세계화로의 변화
② 경제와 산업의 논리가 생산에서 시장 창조로의 변화
③ 비즈니스 중심의 제품 생산에서 서비스로 이동
④ 빅 데이터 분석 기법 이해와 분석 방법론의 확대

정답 ④

해설 ②번 보기는 데이터 분석의 중요성에 따른 변화를 의미한다.

6. 빅 데이터 활용에 필요한 3요소로 알맞은 것은?

① 프로세스, 기술, 인력   ② 인력, 데이터, 알고리즘
③ 데이터, 프로세스, 인력   ④ 데이터, 기술, 인력

정답 ④

해설 자주 나오는 유형이다. 빅 데이터 활용에 필요한 3요소는 데이터, 기술, 인력이다.

7. 아래 보기가 설명하는 기업 내부 데이터베이스 솔루션으로 알맞은 것은?

> (가) 조직의 회계, 구매, 프로젝트 관리, 리스크 관리 규정 준수 및 공급망 운영 같은 일상적인 비즈니스 활용을 관리하는데 사용하는 소프트웨어 유형을 의미한다.
> (나) 다양한 비즈니스 분야에서 생산, 구매, 재고, 주문, 공급자와의 거래, 고객 서비스 제공 등 주요 프로세스 관리를 돕는 통합 애플리케이션이다.

① ERP   ② SCM
③ CRM   ④ KMC

정답 ②

해설 (가)에서 공급망 운영과 (나)에서 생산, 구매, 재고, 주문, 공급자와의 거래 등의 키워드로 SCM(Supply Chain Management)인 것을 알 수 있다.

8. 데이터 사이언티스트의 요구역량으로 옳지 않은 것은?

① 알고리즘에 의해 부당하게 피해를 입은 인력 구제
② 통찰력 있는 분석
③ 설득력 있는 전달
④ 다분야 간 협력

정답 ①

해설 데이터 사이언티스트는 실제 데이터를 분석하는 하드 스킬과, 분석하고 설명할 수 있는 소프트 스킬을 가져야 한다. 1번 보기의 피해 인력 구제는 알고리즈미스트의 역량이다.

1. 분석 수준 진단 방법 중 조직의 분석 및 활용을 위한 역량 수준을 파악하기 위해 도입 → (   ) → 확산 → 최적화의 분석 성숙도 단계 포지셔닝을 파악하게 된다. 빈칸에 들어갈 용어로 알맞은 것은?

   정답 활용

   해설 분석 수준 진단 방법 중 조직의 분석 및 활용을 위한 역량 수준 파악은 도입 → 활용 → 확산 → 최적화 순으로 파악한다.

2. 동일한 사안이라고 해도 제시되는 방법에 따라 그에 관한 해석이나 의사 결정이 달라지는 왜곡 현상은?

   정답 프레이밍 효과

   해설 프레이밍 효과에 관한 문제이다.

2과목 데이터 분석 기획

9. 빅 데이터 분석 방법론 분석 기획 단계에서 발생하는 산출물로 프로젝트에 참여하는 관계자들의 이를 일치시키기 위한 결과물에 해당하는 것은?

   ① 데이터 스토어
   ② 상세 알고리즘
   ③ WBS(Work Breakdown Structure)
   ④ SOW(Statment of Work)

   정답 ④

   해설 SOW는 비즈니스의 이해, 범위 설정, 이해관계자의 일치를 시키는 산출물이다.

10. 데이터의 표준 용어 설정, 명명 규칙 수립, 메타 데이터 구축, 데이터 사전 구축 등에 해당하는 데이터 거버넌스 항목은?

    ① 데이터 표준화   ② 데이터 관리 체계
    ③ 표준화 활동   ④ 데이터 저장 관리

    정답 ①

    해설 표준 용어를 설정하고 규칙을 수립하는 것은 데이터 표준화와 관련된 항목이다.

11. 하향식 접근법의 문제 탐색과 관련한 거시적 관점의 요인으로 옳지 않은 것은?

    ① 기술   ② 환경

③ 사회   ④ 채널

정답 ④

해설 하향식 접근법의 문제 탐색 기법에서 거시적 관점에 해당하는 것은 사회, 기술, 경제, 환경, 정치이다.

12. 전사 차원의 모든 데이터에 대하여 정책 및 지침, 표준화, 운영 조직 및 책임 등의 표준화된 관리 체계를 수립하고 운영을 위한 프레임워크로 알맞은 것은?

① 데이터 웨어하우스

② 데이터 거버넌스

③ 데이터베이스

④ 데이터베이스 관리 시스템

정답 ②

해설 데이터 거버넌스에 관한 문제이다.

13. 기업의 데이터 분석 도입의 수준을 명확하게 파악하기 위한 방법으로 분석 준비도를 사용한다. 다음 중 분석 준비도를 측정하기 위한 요소로 옳지 않은 것은?

① 분석 업무 파악   ② 분석 성과

③ 인력 및 조직   ④ 분석 기법

정답 ②

해설 데이터 분석 수준 진단은 분석 업무 파악, 인력 및 조직, 분석 기법, 분석 데이터, 분석 문화, IT인프라 영역으로 진단한다. ②번 보기와는 관련이 없다.

14. 다음 빅 데이터 특징 중 비즈니스 효과는?

① Value   ② Velocity

③ Volume   ④ Variety

정답 ①

해설 자주 나오는 문제이다. 비즈니스 1V는 Value(가치)이다.

15. 빅 데이터 분석 방법 프로세스 순서로 알맞은 것은?

① 데이터 준비 – 분석 기획– 데이터 분석 – 평가 및 전개 – 시스템 구현

② 데이터 준비 – 분석 기획– 데이터 분석 – 시스템 구현 – 평가 및 전개

③ 분석 기획 – 데이터 준비– 시스템 구현 – 평가 및 전개 – 데이터 분석

④ 분석 기획 – 데이터 준비– 데이터 분석 – 시스템 구현 – 평가 및 전개

정답 ④

해설 자주 나오는문제이며 ③번 보기인 빅 데이터 분석 방법 프로세스를 정확하게 알아야 한다.

16. 분석 과제 발굴에 대한 설명 중 옳지 않은 것은?

① 하향식 접근법은 특정 주제별로 새로운 문제를 탐색하여 분석 과제를 발굴한다.

② 분석 유즈 케이스는 향후 데이터 분석 문제로의 전환 및 적합성 평가에 활용한다.

③ 상향식 접근법은 원천 데이터를 대상으로 분석을 수행하여 가치 있는 문제를 도출하는 일련의 과정이다.

④ 하향식 접근법은 문제가 주어지고 이에 대한 해법을 찾기 위하여 각 과정이 체계적으로 단계화되어 수행하는 방식이다.

정답 ①

해설 ①번 보기는 주제가 없을 때 새로운 문제를 탐색하는 비지도 학습인 상향식 접근법에 관련된 설명이다.

단답형

3. 시계열에 영향을 주는 일반적인 요인을 시계열에서 분리해 분석하는 방법은?

정답 분해 시계열

해설 분해 시계열은 시계열 데이터를 추세 요인, 순환 요인, 계절 요인, 불규칙 요인으로 분해하는 기법이다.

4. 과거 시점의 관측 자료와 과거 시점의 백색 잡음의 선형 결합으로 현 시점의 자료를 표현하는 시계열모델(모형)은?

정답 ARMA모델

해설 ARMA모델에 대한 설명이다.

3과목 데이터 분석

17. 서로 다른 자료 유형으로 구성이 가능하며 자료 객체 중 가장 자유로운 구조는?

① 백터   ② 요인

③ 배열   ④ 리스트

정답 ④

해설 리스트는 서로 다른 자료 유형으로 구성이 가능하며, 배열은 같은 자료 유형으로 자료들을 구성한다.

18. 시계열 데이터의 정상성에 대한 설명으로 옳지 않은 것은?

① 평균이 일정하다.

② 시계열 자료는 독립성을 충족해야 한다.

③ 분산이 시점에 의존하지 않는다.

④ 공분산은 단지 시차만 의존하고 시점 자체에는 의존하지 않는다.

정답 ③

시계열 자료는 시간에 따라 자료 간에 상관이 존재하는 현상인 자기 상관의 특성이 있어 독립성을 만족할 수 없다. 시계열 자료의 3가지 특징 문제가 자주 나오는되므로 정확하게 알아 두자. (평균 일정, 분산 시점 의존, 공분산 시점 미의존)

19. 다음 중 시계열 데이터에 대한 설명 중 옳지 않은 것은?

① 잡음은 무작위적인 변동이지만 일반적으로 원인은 알려져 있다.
② 짧은 기간 동안의 주기적인 패턴을 계절 변동이라 한다.
③ 시계열 데이터의 모델링은 다른 분석 모델과 같이 탐색 목적과 예측 목적으로 나울 수 있다.
④ 시계열 분석의 주목적은 외부 인자와 관련해 계절적인 패턴 추세와 같은 요소를 설명할 수 있는 모델을 결정하는 것이다.

정답 ①

해설 시계열 데이터에서의 잡음은 의도치 않은 왜곡을 불러오는 모든 요소이며 모든 원인을 파악하기는 어렵다. 전처리를 통해 평활화 또는 필터링으로 해결한다.

20. 이질적인 모집단을 동질성을 지닌 그룹별로 세분화하는 데이터 마이닝 기법은?

① 연관 분석   ② 인공 신경망
③ 군집 분석   ④ 로지스틱 회귀 분석

정답 ③

해설 군집 분석에 대한 문제이다.

21. 귀무가설이 실제로 사실임에도 불구하고 귀무가설을 기각하는 확률은?

① 검정력   ② 유의 확률
③ 유의 수준   ④ 제2 종 오류

정답 ③

해설 실제로 사실인데 허위라고 결론을 내린 오류는 제1 종 오류라고 하며, 이러한 오류를 범할 확률은 유의 수준 또는 위험 수준이라 한다.

22. TRUE로 예측한 관측치 중 실제값이 TRUE인 정도를 나타내는 분류 모델 평가 지표는?

① 정확도(Accuracy)   ② 재현율(Recall)
③ 정밀도(Precision)   ④ 특이도(Sensitivity)

정답 ③

해설 정밀도에 대한 문제이다.

23. 아래 거래 데이터에서 연관 규칙으로 커피 → 우유의 향상도 값을 구했을 때, 옳은 것은?

품목	거래건수
커피	100
우유	100

맥주	100
커피, 우유, 맥주	50
우유, 맥주	200
커피, 우유	250
커피, 맥주	200

① 50.0% ② 55.0%
③ 60.0% ④ 65.0%

정답 ①

해설 신뢰도는 P(X∩Y)/P(X)이므로 P(커피와 우유가 동시 포함 거래수)/P(커피)로 나타낼 수 있다. 따라서, (300/1000)/(600/1000)=0.5, 50%이다.

24. 데이터 마이닝 기법 중 아래 보기와 같은 분석 기법은?

> 물건 배치 계획, 카탈로그 배치 및 교차 판매
> 카탈로그의 공격적 판촉 행사 등의 마케팅 계획

① 연관 분석 ② 주성분 분석(PCA)
③ 회귀 분석 ④ 군집 분석

정답 ①

해설 연관 분석은 장바구니 분석 또는 서열 분석이라고 하며, 상품의 구매, 서비스 등에서 거래와 사건들 간의 규칙을 발견하여 판매나 마케팅에 활용할 수 있는 기법이다.

25. 군집 분석 중 모델 기반의 군집 방법으로 데이터가 k개의 모수적 모델의 가중합으로 표현되는 모집단의 모형으로 나왔다는 가정하에 모수와 함께 가중치를 자료로부터 구하는 방법은?

① 격자 기반 군집
② 비계층적 군집
③ 밀도 기반 군집
④ 혼합 분포 군집

정답 ④

해설 모델의 가중합으로 표현되는 모델 기반의 군집 방법은 혼합 분포 군집이다.

26. 아래 거래 데이터에서 연관 규칙 커피 → 우유의 향상도로 옳은 것은?

품목	거래건수
커피	100
우유	100
맥주	100
커피, 우유, 맥주	50
우유, 맥주	200
커피, 우유	250

커피, 맥주	200

① 30.5% ② 50.0%

③ 83.3% ④ 93.3%

정답 ③

해설 향상도는 P(X∩Y)/P(X)*P(Y)로 구할 수 있다. 이는 P(커피와 우유가 동시에 포함된 거래수)/(P(커피)*(P(우유))이고, (300/1000)/(600/1000*600/1000)=0.83, 83.3%가 된다.

27. 비계층적 군집 분석인 K-means 군집 분석의 수행 순서로 옳은 것은?

> (가) 초기 군집의 중심으로 k개의 객체를 임의로 선택한다.
> (나) 각 자료를 가장 가까운 군집 중심에 할당한다.
> (다) 각 군집 내의 자료들의 평균을 계산하여 군집의 중심을 갱신한다.
> (라) 군집 중심의 변화가 거의 없을 때까지 단계 2와 단계 3을 반복한다.

① 가 → 나 → 다 → 라 ② 다 → 나 → 가 → 라

③ 라 → 가 → 나 → 다 ④ 나 → 가 → 다 → 라

정답 ④

해설 K-means는 주어진 데이터를 k개의 군집으로 묶는 알고리즘이며, 초기 군집 수 설정 → 중심값을 기준으로 각 데이터를 군집에 할당 → 평균 계산 → 중심값을 이동하면서 군집을 할당한다. 여기서 평균값 변화가 없으면 중단의 순서로 군집을 형성한다.

28. ROC 커브는 X축에는 1-특이도, Y축에는 민감도를 나타내 두 평가값의 관계로 모형을 평가한다. 아래 혼동 행렬에서 특이도 값으로 알맞은 것은?

		예측치		합계
		True	False	
실제값	True	TP	FN	P
	False	FP	TN	N
합계		P	N	P+N

① TN/N ② TP/N

③ TP/(TP+FP) ④ TP/P

정답 ①

해설 특이도는 TN/(TN+FP)이므로 표에 있는 혼동 행렬의 합계를 반영하여 다시 식을 쓰면, TN/N이 된다.

29. 계층적 군집 분석의 거리에 대한 설명 중 옳지 않은 것은?

① 코사인 유도는 벡터 간의 코사인 각도를 이용하여 서로 간에 얼마나 유사한지를 산정한다.

② 유클리드 거리가 각 속성들 간의 차이를 모두 고려한 거리라면, 민코프스키 거리는 가장 큰 차이만을 가지고 거리를 이야기한다. 계산값이 0에 가까울수록 유사하다.

③ 마할라노비스 거리는 표준화와 상관성을 고려하지 않는 거리로 상관성 분석을 위해서는 표준

화거리를 사용해야 한다.

④ 맨해튼 거리의 특징은, 두 점 사이의 도로가 모두 x축 또는 y축에 평행한 경우라면, 두점 사이의 최단 거리는 항상 맨해튼 거리와 일치하게 된다는 점이다.

정답 ③

해설 마할라노비스 거리는 통계적 개념이 포함되어 변수들의 산포와 이를 표준화한 거리를 의미하며, 두 벡터 사이의 거리를 표본 공분산으로 나누어 거리를 계산한다.

30. 아래의 오분류표의 민감도 값으로 알맞은 것은?

		예측치		합계
		True	False	
실제값	True	40	60	100
	False	60	40	100
합계		100	100	200

① 0.2 ② 0.4

③ 0.6 ④ 0.8

정답 ②

해설 민감도는 실제값이 TRUE인 값 중에 TRUE로 옳게 판단한 비율이며 이를 식으로 나타내면 TP/(TP+FN)으로 정의된다. 따라서, 40/(40+60)=0.4, 40%로 된다.

31. 다음 중 비모수적 검정(Non-parametric test)으로 가장 거리가 먼 것은?

① Sign test

② Run test

③ Chi-squared test

④ Wilcoxon signed rank test

정답 ③

해설 ④번 보기의 카이 제곱 검정은 비모수적 검정, 모수적 검정 모두에 사용된다.

32. 일정한 시간 동안 수집된 일련된 순차적으로 정해진 데이터 세트의 집합은?

① 주성분 데이터 ② 군집 데이터

③ 금융 데이터 ④ 시계열 데이터

정답 ④

해설 시계열 데이터에 대한 설명이다.

33. 상자 그림(BoxPlot)에서 중앙에 선이 한 줄 그어져 있는데 이 중간선의 의미로 옳은 것은?

① mean

② median

③ variance

④ standard deviation

해설 중간선의 의미는 50%에 해당하는 Q2(제2 사분위수)에 의미이며 이는 중앙값(median)이다.

34. 상자 그림(Box Plot)에서 3 사분위수에서 1 사분위수를 뺀 값으로 전체 자료의 중간에 있는 절반의 자료들이 지니는 값의 범위는?

① 사분위수
② 사분위수 범위
③ 변동 계수
④ 공분산

정답 ③

해설 사분위수 범위(IQR)=Q3-Q1에 대한 설명이다.

35. 다음 중 파생 변수에 대한 설명 중 옳지 않은 것은?

① 파생 변수는 기존 변수에 특정 조건 혹은 함수 등을 사용하여 새롭게 재정의한 변수를 의미한다.

② 파생 변수는 논리성과 대표성을 나타나게 할 필요가 있다.

③ 일반적으로 1차 분석 마트의 개별 변수에 대한 이해 및 탐색을 통해 각 특성을 고려하여 파생 변수를 생성한다.

④ 파생 변수는 재활용성이 높고 다른 많은 모델을 공통으로 사용할 수 있는 장점이 있다.

정답 ④

해설 파생 변수는 단답에도 나오는 중요한 개념이다. 파생 변수는 변수를 설명할 수 있는 것으로 논리성과 대표성이 중요하다. ④번 보기의 재활용성이 높고 공통으로 사용 가능한 변수는 요약 변수이다.

36. 상자 그림(BoxPlot)에서 상한(최대값)과 하한(최소값)으로 옳은 것은?

Q1(1 사분위수)=4, Q3(3 사분위수)=12

① ㅍ
② 하한=-4, 상한=20
③ 하한=-6, 상한=22
④ 하한=-8, 상한=24

정답 ④

해설 IQR(사분위수 범위)=Q3-Q1=8이며, 상한값=Q3+IQR*1.5=12*8*1.5=24이고, 하한값=Q1-IQR*1.5=4-8*1.5=-8이 된다.

37. 다음 중 k-fold 교차 검증에 대한 설명 중 옳지 않은 것은?

① 교차 검증은 주어진 데이터를 가지고 반복적으로 성과를 측정하여 그 결과를 평균한 것으로 분류 분석 모델을 평가하는 방법이다.

② 교차 검증을 하는 이유는 과적합을 피하고 일반화된 모델을 생성할 수 있다.

③ 대표적인 k-fold 교차 검증은 일반적으로 10 – fold 교차 검증이 사용된다.

④ 전체 데이터 N개에서 2개의 샘플을 선택하여 그것을 평가 데이터 세트로 모델 검증에 사용하고 나머지 N-2개는 모델을 학습시키는 교차 검증을 LOOCV라 한다.

정답 ④

해설 ④번 보기에서 N개의 데이터에서 2개가 아닌 N-1개의 학습 데이터와 1개의 테스트 데이터로 나누어 교차 검증을 수행하는 것이 k-fold 교차 검증이다.

38. 차원 축소 기법 중 하나로, 원 데이터의 분포를 최대한 보존하면서 고차원 공간의 데이터들을 저차원 공간으로 변환하는 분석 기법은?

① 주성분 분석
② 랜덤 포레스트
③ 앙상블 모델
④ 인공 신경망

정답 ①

해설 주성분 분석에 관한 문제이다.

39. 표본 조사에 대한 설명으로 옳지 않은 것은?

① 표본 오차와 비표본 오차 모두 표본 크기가 증가함에 따라 감소한다.
② 조사 과정에서 발생하는 오류는 표본 추출 오류와 비표본 추출 오류로 분류할 수 있다.
③ 표본 편의는 확률화에 의해 최소화하거나 없앨 수 있다.
④ 표본 편의는 표본 추출 방법에서 기인하는 오차를 의미한다.

정답 ①

해설 ①번 보기의 표본 오차와 달리 비표본 오차는 표본 크기가 증가하더라도 감소하지 않는다.

40. 주성분 분석(PCA)에 대한 설명으로 알맞지 않은 것은?

```
> m<-matrix(c(1,2,3,4,5,6),ncol=2, byrow=TRUE)
> m
```

① 주성분 분석은 고차원의 데이터를 선형 연광성이 없는 저차원의 데이터로 차원을 축소한다.
② 공분산 행렬은 변수의 측정 단위 그대로를 반영한 것이고 상관 행렬은 모든 변수의 측정 단위를 표준화한 것이다.
③ 공분산 행렬을 이용한 분석의 경우 변수들의 측정 단위에 민감하다.
④ 제1 주성분이라함은 데이터들의 분산이 가장 적은 축을 의미한다.

정답 ④

해설 제1 주성분은 전체 변동을 가장 많이 설명할 수 있는 변수의 선형 조합을 의미하며 분산이 적으면 안 된다.

단답형

5. 아래 빈칸에 알맞은 용어는?

> 인공 신경망의 노드가 많을수록 변수의 복잡성을 학습하기 쉽지만 (   ) 문제가 발생한다. 학습 데이터(훈련 데이터)에서는 높은 성능을 보여주지만, 일반화시키기는 어렵다.

정답 과적합

해설 인공 신경망의 노드가 많으면 과적합 문제가 발생한다.

6. 인터넷으로 연결된 기기마다 통신 장치를 갖추고 있는 환경에서 사람 또는 기계끼리 자동으로 통신하는 기술로써 사물과 사람, 사물과 사물 간의 정보를 상호 소통하는 방식은?

정답 IoT(사물 인터넷)

해설 자주 나오는 문제이다. 사물 간의 통신은 IoT(사물 인터넷)이다.

7. 물류, 유통업체 등 유행 공급망에 참여하는 모든 업체들이 협력을 바탕으로 정보 기술을 활용, 재고를 최적화하기 위한 기업 내부 데이터 솔루션은?

정답 SCM

해설 1,2 과목에도 나오는 자주 나오는 문제이다. 공급, 유통, 재고에 관련된 기업 내부 데이터 솔루션은 SCM이다.

8. 인간의 뉴런 구조를 본떠 만든 머신 러닝(기계 학습)의 모델은?

정답 인공 신경망

해설 인공 신경망에 관한 문제이다.

9. 전사적으로 구축된 데이터 웨어하우스로부터 특정 주체, 부서 중심으로 구축된 소규모 단일 주제의 데이터 웨어하우스로 재무, 생산, 운영과 같이 특정 조직의 특정 업무 분야에 초점을 두고 사용하는 저장소는?

정답 데이터 마트

해설 데이터 마트는 소규모 데이터 웨어하우스로 특정 업무 분야의 초점을 둔다.

10. 이익(gain)은 목표 범주에 속하는 개체들이 각 등급에 얼마나 분포하고 있는지 나타내는 값을 의미한다. 분류된 관측치가 각 등급별로 얼마나 포함되는지 나타내는 평가는?

정답 이익 도표

해설 등급에 관련된 평가는 이익 도표이다.

1과목 데이터 이해

1. 다음 중 NoSQL 데이터베이스로 옳지 않은 것은?

① MySQL
② BHBase
③ MongoD
④ Cassandra

정답 ①

해설 MySQL은 오픈 소스 관계형 데이터베이스(RDBMS)이다.

2. 빅 데이터의 위기 요인과 통제 방안을 서로 연결한 것 중 옳지 않은 것은?

> (가) 책임 원칙 훼손 - 알고리즘 접근 허용
> (나) 사생활 침해 - 동의제에서 책임제로 변화
> (다) 데이터 오용 - 정보 선택 옵션 제공

① 가, 나
② 가, 나, 다
③ 가, 다
④ 나, 다

정답 ③

해설 자주 나오는 유형이다. 책임 원칙 훼손을 통제하기 위해서는 행동-결과의 책임 소재로 해결할 수 있으며, 데이터 오용을 통제하기 위해서는 알고리즘의 부담함을 증명하여야 한다.

3. 다음 중 데이터베이스의 일반적인 특징에 대한 설명으로 옳지 않은 것은?

① 한 조직의 다수 사용자가 공동으로 이용하고 유지하는 공용 데이터이다.
② 저장, 검색, 분석이 용이하게 수치로 명확하게 표현되는 정량 데이터이다.
③ USB, HDD 또는 SSD와 같은 컴퓨터가 접근할 수 있는 매체에 저장된 저장 데이터이다.
④ 동일한 내용의 데이터가 중복되지 않는 통합 데이터이다.

정답 ②

해설 데이터베이스는 통합, 저장, 운영, 공유 데이터의 특징을 가지며, ②번 보기의 정량 데이터이는 데이터베이스의 특징이 아니다.

4. 사물끼리 정보를 주고받는 사물 인터넷 시대를 빅 데이터의 관점에서 바라볼 때, 다음 중 사물 인터넷의 의미로 가장 알맞은 것은?

① 서비스 지능화(Intelligent Service)
② 분석 고급화(Advanced Analytics)

③ 모든 것의 데이터화(Datafication)

④ 정보 공유화(Information Sharing)

정답 ③

해설 사물 인터넷은 사물끼리 데이터를 통신을 통해 주고받는 것을 의미하며 단답형으로도 자주 나오는 문제이다. ③번 보기는 사물 인터넷과 관련이 없다.

5. 다음 중 데이터 사이언티스트에게 요구되는 소프트 스킬로 옳지 않은 것은?

① 시각화를 활용한 설득력   ② 이론적 지식

③ 창의적 사고   ④ 커뮤니케이션 기술

정답 ②

해설 데이터 분석 기술에 해당하는 이론적 지식은 하드 스킬에 해당한다.

6. 다음 중 빅 데이터 분석 활용의 효과로 가장 옳지 않은 것은?

① 운송 비용의 절감

② 상품 개발과 조립 비용의 절감

③ 새로운 수익원의 발굴 및 활용

④ 서비스 산업의 확대와 제조업의 축소

정답 ④

해설 빅 데이터 분석을 통해 제조업도 공급 사슬의 최적화, 수요 예측, 맞춤형 상품 개발 등이 가능하며, 제조업의 확대를 가져온다.

7. 다음 중 데이터의 양을 표현하는 단위를 작은 것에서 큰 것 순으로 나열한 것은?

① 메가바이트 〈 엑사바이트 〈 제타바이트 〈 요타바이트

② 엑사바이트 〈 메가바이트 〈 요타바이트 〈 제타바이트

③ 메가바이트 〈 엑사바이트 〈 요타바이트 〈 제타바이트

④ 요타바이트 〈 제타바이트 〈 제타바이트 〈 메가바이트

정답 ①

해설 데이터 양을 표현하는 단위는 B〈KB〈MB〈GB〈TB〈PB〈EB〈ZB〈YB이다.

8. 빅 데이터에 대한 설명으로 가장 옳지 않은 것은?

① 빅 데이터 환경에서는 필요한 정보만을 추출하기 위해 표본 조사의 중요성이 더욱 대두되고 있다.

② 빅 데이터의 출현 배경으로 SNS의 확산, 클라우드 컴퓨팅의 발전, 저장 장치의 가격 하락 등이 있다.

③ 빅 데이터를 통해 기존 방식으로는 얻을 수 없었던 새로운 통찰이나 가치 창출이 가능하다.

④ 4차 산업 혁명 시대에 과거 석탄과 철과 같은 역할을 하게 될 것으로 기대한다.

정답 ①

해설 데이터 분석 기술이 좋아지면서 빅 데이터를 이용한 전수 조사가 이루어지고 있다.

1. 아래 데이터 분석과 관련된 기술을 설명한 것이다. (가)에 들어갈 용어는?

> 기업의 의사 결정 과정을 지원하기 위한 '주제 중심적이고 통합적이며 시간성을 가지는 비휘발성 데이터의 집합을 (가)라고 한다.

[정답] 데이터 웨어하우스

[해설] 데이터 웨어하우스에 관한 문제이다.

2. 신경망 모델의 학습을 위한 역전파 과정에서 오차를 더 줄일 수 있는 가중치가 존재함에도 기울기가 0이 되어 더 이상 학습이 진행되지 않는 문제를 나타내는 용어는?

[정답] 기울기 소실 문제

[해설] 3과목에도 나오는 문제이다. 위 문제는 기울기 소실에 관한 문제이다.

2과목 데이터 분석 기획

9. 빅 데이터의 특징을 고려한 분석 투자 대비 수익율(ROI) 요소와 분석 우선순위 평가 기준에 대한 설명으로 가장 옳지 않은 것은?

① 시급성이 높고 난이도가 높은 분석 과제는 경영진 또는 실무 담당자의 의사 결정에 따라 적용 우선순위를 조정할 수 있다.

② 분석 난이도는 분석 준비도와 성숙도 진단 결과에 따라 해당 기업의 분석 수준을 파악하고 이를 바탕으로 결정된다.

③ 시급성이 높고 난이도가 낮은 분석 과제는 우선순위가 높다.

④ 분석 과제의 우선순위 평가에서 시급성은 전략적 중요도, 데이터 수집비용 등을 평가하고 난이도는 분석 수준과 복잡도가 평가 요소이다.

[정답] ④

[해설] ④번 보기에서 난이도는 비용 발생과 범위 측면을 고려하는 평가 요소이다.

10. 다음 중 아래의 하향식 접근법 데이터 분석 기획 단계를 순서대로 나열한 것으로 알맞은 것은?

> (가) 문제 정의(Problem Definition)
> (나) 문제 탐색(Problem Discovery)
> (다) 해결 방안 탐색(Solution Search)
> (라) 타당성 검토(Feasibility study)

① 가 → 나 → 다 → 라

② 가 → 나 → 라 → 다

③ 나 → 가 → 다 → 라

④ 나 → 가 → 라 → 다

정답 ②

해설 자주 나오는 문제이다. 문제 탐색 → 정의 → 해결 방안 탐색 → 타당성 검토의 하향식 접근법 분석 기획 단계를 정확하게 알아야 한다.

11. 데이터 분석 마스터플랜 수립 시 분석 과제의 우선순위를 결정할 때 고려해야 할 요소로서 옳지 않은 것은?

① 실행 용이성   ② 데이터 필요 우선순위

③ 전략적 중요도   ④ 비즈니스 성과 및 ROI

정답 ②

해설 자주 나오는 문제이다. 마스터플랜 수립 시에는 전략적 중요도, 실행 용이성, ROI를 고려한다.

12. 아래는 분석 과제 우선순위 선정 매트릭스이다. 분석 과제의 적용 우선순위를 시급성에 두었을 때 결정해야 할 우선순위로 알맞은 것은?

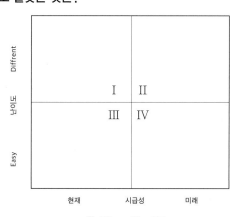

① Ⅲ - Ⅱ - Ⅰ   ② Ⅲ - Ⅱ -Ⅳ

③ Ⅲ - Ⅳ - Ⅱ   ④ Ⅲ - Ⅰ - Ⅱ

정답 ③

해설 자주 나오는 문제이다. 우선순위를 시급성에 두었을 때는 3-4-2분면으로 우선순위가 결정된다.

13. 데이터 분석에서 정확도와 정밀도에 대한 설명으로 옳지 않은 것은?

① 모델의 활용 측면에서는 정확도가, 모델의 안정도 측면에서는 정밀도가 중요하다.

② 정확도는 True로 예측한 것 중 실제 True인 비율, 정밀도는 실제 True인 경우에서 True로 예측한 비율이다.

③ 정확도는 모델의 실제값 사이의 차이이고, 정밀도는 모델을 지속적으로 반복했을 때 편차의 수준이다.

④ 정확도와 정밀도는 트레이드 오프(Trade-off) 관계가 되는 경우가 많다.

해설 정확도는 전체 예측에서 True인 비율, 정밀도는 예측한 True 중에서 실제 True의 비율을 뜻한다.

14. 다음 중 데이터 분석 기획 단계에서 수행하는 주요 과제(Task)로 옳지 않은 것은?

① 위험 식별
② 프로젝트 범위 설정
③ 프로젝트 정의
④ 필요 데이터의 정의

정답 ④

해설 ④번 보기인 필요 데이터의 정의 단계는 데이터 준비 단계에 해당한다.

15. 다음 중 계층적 데이터 분석 프로세스 모델에 대한 설명으로 옳지 않은 것은?

① 데이터 분석 프로세스는 동료간 평가(Peer Review) 수행이 적절하지 않다.
② 각 단계는 보통 기준선을 설정하여 관리되고 버전 관리를 통하여 통제가 이루어진다.
③ 마지막 단계인 스텝(Step)은 입력(Input)과 출력(Output) 등으로 구성된 단위 프로세스이다.
④ 최상위 계층은 단계(Phase)로 구성되고 마지막 계층은 태스크(Task)로 구성된다.

정답 ③

해설 계층적 프로세스 모델은 최상위 기준선인 단계와, 단위 활동인 태스크, 최하위 단위 프로세스인 스텝으로 구성되며, ③번 보기는 스텝을 태스크로 잘못 표기하였다.

16. 분석 과제 발굴 방법 중 상향식 접근법에 대한 설명으로 옳지 않은 것은?

① 일반적으로 지도 학습 방식을 수행한다.
② 문제를 정의하기 어려운 경우에 사용한다.
③ 다양한 원천 데이터를 대상으로 분석을 수행하여 가치 있는 문제를 도출하는 일련의 과정이다.
④ 하향식 접근법과는 달리 복잡하고 다양한 환경에서 발생하는 문제 해결에도 적합하다.

정답 ①

해설 상향식 접근법은 비지도 학습 방식을 수행한다.

단답형

3. 반복을 통하여 점진적으로 개발하는 방법으로서, 처음 시도하는 프로젝트에 적용이 용이하지만 관리 체계를 효과적으로 갖추지 못한 경우 복잡도가 상승하여 프로젝트 진행이 어려울 수 있는 분석 방법론은?

> **정답** 나선형 모델
>
> **해설** 나선형 모델은 폭포수 모델과 프로토타입 모델의 결합으로 반복을 통하여 점진적으로 개발하는 방식이다. 반복된 주기로 개발하기 때문에 관리 체계를 갖추지 못한 경우 긴 시간의 반복으로 복잡도가 상승할 수 있다.

4. 아래 (가)안에 공통적으로 들어갈 용어는?

> (가)(이)란 데이터로부터 의미 있는 정보를 추출해 내는 학문으로, 통계학과는 달리 정형 또는 비정형을 막론하고 다양한 유형의 데이터를 분석 대상으로 한다. 또한 분석에 초점으로 두는 데이터 마이닝과는 달리 (가)는 분석 뿐만 아니라 이를 효과적으로 구현하고 전달하는 과정까지 포함하는 포괄적인 개념이다.

> **정답** 데이터 사이언스
>
> **해설** 데이터 사이언스에 관한 설명이다.

3과목 데이터 분석

17. 확률 변수 X가 확률 질량 함수 f(x)를 갖는 이산형 확률 변수인 경우 그 기댓값을 구하는 식으로 알맞은 것은?

① $E(X)=\sum X^2 f(x)$
② $E(X)=fxf(x)dx$
③ $E(X)=\sum xf(x)$
④ $E(X)=\sum x^2 f(x)dx$

> **정답** ③
>
> **해설** 이산형 확률 변수는 ③번 보기와 같이 x와 각 확률을 곱한 것을 모두 더하여 기댓값을 구한다.

18. 다음 중 표본 조사에 대한 설명으로 가장 옳지 않은 것은?

① 표본 오차는 모집단을 대표할 수 있는 표본 단위들이 조사 대상으로 추출되지 못함으로써 발생하는 오차를 말한다.

② 비표본 오차는 표본 오차를 제외한 모든 오차로 조사 과정에서 발생하는 모든 부주의나 실수, 알 수 없는 원인 등 모든 오차를 의미하여 조사 대상이 증가한다고 해서 오차가 커지지는 않는다.

③ 표본 편의는 확률화에 의해 최소화하거나 없앨 수 있다.

④ 표본 편의는 모수를 작게 또는 크게 할 때 추정하는 것과 같이 표본 추출 방법에서 기인하는 오차를 의미한다.

정답 ②

해설 비표본 오차는 표본 오차를 제외한 조사의 전체 과정에서 발생 가능한 모든 오차이며, 조사 대상이 증가할수록 오차가 더 많이 발생한다.

19. 주성분 분석(PCA)에 대한 설명으로 알맞은 것은?

① 항목 간의 조건-결과식으로 표현되는 유용한 패턴을 발견할 수 있으며, 흔히 장바구니 분석 이라고도 불린다.

② 비슷한 특징을 가지는 소집단으로 특이 패턴을 찾는 것으로 고객 세분화 등에 많이 활용된다.

③ 여러 대상 간의 거리가 주어졌을 때, 대상들을 동일한 상대적 거리를 가진 실수 공간의 값들 로 배치하여 자료들의 상대적 관계를 이해하는 시각화 방법의 근간으로 주로 사용된다.

④ 상관 관계가 있는 고차원의 데이터를 저차원 데이터로 축소하는 방법이므로 독립 변수들 간 다중 공선성 문제를 해결할 수 있다.

정답 ④

해설 주성분 분석(PCA)는 고차원의 데이터를 저차원 데이터로 축소하여 다중 공선성 문제를 해결할 수 있 다. 나머지 보기인 ①번은 연관 규칙 분석, ②번은 다차원 척도법, ③번 군집 분석에 관한 개념도 객관 식, 단답형에 모두 나오는 문제이니 함께 알아 두자.

20. 시계열 데이터를 조정하여 예측하는 평활법에 대한 설명으로 옳지 않은 것은?

① 이동 평균법은 시계열 자료에서 계절 요인과 추세 요인을 제거하여 순환 요인을 가진 시계열 자료로 변환하는 방법이다.

② 단순 지수 평활법은 추세나 계절성이 없어 평균이 변화하는 시계열에 사용하는 방법이다.

③ 이동 편균법이란 시계열 데이터가 일정한 주기를 갖고 비슷한 패턴으로 움직이고 있는 경우 에 적용시킬 수 있는 방법이다.

④ 지수 평활법은 평균을 평활하는 모수(가중치)와 함께 추세를 나타내는 식을 다른 모수로 평활 하는 방법이다.

정답 ①

해설 ①번 보기에서 제거하는 요인은 계절 요인과 불규칙 요인이며, 추세 요인은 제거하는 것이 아닌 시계 열 자료로 변환하여야 하는 남김 요인이다.

21. 스피어만 상관 계수를 계산할 때 대상이 되는 자료의 종류로 알맞은 것은?

① 비율 척도

② 등간 척도

③ 명목 척도

④ 서열 척도

정답 ④

해설 스피어만 상관 계수의 대상이 되는 자료는 서열 척도이다. ㅅ-ㅅ 라임으로 암기를 하자.

22. 다음 중 아래 오분류표를 이용하여 구한 F1 값으로 알맞은 것은?

		예측치		합계
		True	False	
실제값	True	200	300	500
	False	500	200	500
합계		500	500	1000

① 3/20

② 4/13

③ 11/20

④ 11/100

정답 ②

해설 F1스코어=2*(정밀도*재현율)/(정밀도+재현율)을 구하기 위해서는 정밀도와 재현율을 알아야 한다. 정밀도=TP/(FN+TP)=200/(200+300)=0.4으로 구할 수 있으며, 재현율=TP/(FP+TP)=200/(500+300)=0.25으로 구할 수 있다. 따라서 2*(0.4*0.25)/(0.4+0.25)=4/13가 된다.

23. 아래는 근로자의 임금 등에 대한 데이터에 대한 분석 결과이다. 다음 중 유의 수준 0.05에서 이에 대한 설명으로 옳지 않은 것은?(wage:임금, age:나이, jobclass:직업군)

```
> subset_Wage <- Wage[, c("wage", "age", "jobclass")]
> summary(subset_Wage)
        wage              age            jobclass
 Min.   : 20.09    Min.   :18.00    1. Industrial :1544
 1st Qu.: 85.38    1st Qu.:33.75    2. Information: 1456
 Median : 104.92   Median :42.00
 Mean   : 111.70   Mean   :42.41
 3rd Qu.: 128.68   3rd Qu.:51.00
 Max.   : 318.34   Max.   :80.00


Call:
lm(formula=wage ~ age jobclass + age * jobclass, data=Wage))

Residuals:
      Min        1Q      Median        3Q        Max
  -105.656   -24.568     -6.104     16.433    196.810

Coemcients:
                         Estimate    std. Error    t value    Pr(>izi)
(Intercept)              73.52831     3.76133      19.548     < 2e-16 ***
age                       0.71966     0.08744       8.230     2.75e-16 ***
jobclass2. Information   22.73086     5.63141       4.036     5.56e-05 ***
age: jobclass2. Information -0.16017   0.12785      -1.253       0.21
---
Signif. codes:    0 '***' 0.001 '**' 0.01 '*' 0.05 '.' 0.1 ' ' 1

Residiual standard error: 40.16 on 2996 degrees of freedom
Multiple R-squared: 0.07483,    Adjusted R-squared: 0.07391
F-statistic: 80.78 on 3 and 2996 DF,    p-value: < 2.2e-16
```

① 나이에 따라 두 직군 간의 임금과 평균 차이가 유의하게 변하지 않는다.

② 위의 회귀식은 유의 수준 0.05에서 임금의 변동성을 설명하는데 유의하지 않다.

③ 직업군이 동일할 때, 나이가 많을수록 임금이 올라가는 경향이 있다.

④ 위 나이가 동일할 때, Information 직군이 Industrial 직군에 비해 평균적으로 임금이 높다.

정답 ②

해설 ①번 보기의 직업군에 관한 유의 수준이 ***으로 임금이 올라가는 경향과 유의한 것을 알 수 있으며, ③번 보기의 나이에 따른 직군은 *이 없으므로 유의하지 않다. 결과 맨 아래에 F-statistic=80.78로 F-통계량이 80.78이며, p-value<2.2e-1.6로 유의 수준 0.05이하에서 모델이 통계적으로 유의하기 때문에 ②번 보기는 옳지 않다.

24. 다음 중 연관 규칙의 단점으로 옳지 않은 것은?

① 품목 간에 구체적으로 어떠한 영향을 줄 수 있는지 해석하기 어렵다.

② 지나치게 세분화된 품목으로 연관 규칙을 찾으려고 하면 의미 없는 분석 결과가 나올 수 있다.

③ 상대적으로 거래량이 적은 품목은 당연히 포함된 거래수가 적어 규칙 발견이 제외되기 쉽다.

④ 품목수가 증가하면 분석에 필요한 계산이 기하급수적으로 증가한다.

정답 ①

해설 연관 분석은 규칙을 발견하고 연관성을 분석하는 것으로, 어떠한 영향을 주는지 해석하는 것과는 관련이 없다.

25. 아래의 확률을 알고 있다고 가정할 때, 질병을 가지고 진단한 사람이 실제로 질병을 가진 사람일 확률은?

> 전체 인구 중 해당 질병을 가지고 있는 사람은 10%이며, 진단 결과 전체 인구 중 20%가 해당 질병을 가지고 있다고 진단되었다.
> 해당 질병을 가지고 있는 사람의 90%는 질병을 가지고 있는 것으로 진단되었다.

① 0.3

② 0.45

③ 0.8

④ 0.9

정답 ②

해설 베이즈 정리에 관한 문제이다. $P(A|B)=(P(B|A)*P(A))/P(B)$로 사전 확률 $P(A)=P(질병)=0.1$이며, 사후 확률인 $P(B)=P(양성)=0.2$이다. 조건부 확률 $P(B|A)=0.9$이며, 실제로 질병을 가진 사람인 베이즈 확률 $P(A|B)$를 계산하면, $(0.9*0.1)/0.2=0.45$로 계산된다.

26. 신경망 모형에서 입력받은 데이터를 다음 층으로 어떻게 출력할지를 결정하는 함수로 알맞은 것은?

① 로짓 함수

② 오즈비 함수

③ CHAID 함수

④ 활성화 함수

정답 ④

해설 활성화 함수에 대한 문제이다.

27. 다음 중 k-means 군집의 단점으로 옳지 않은 것은?

① 볼록한 형태의 데이터를 군집으로 형성할 경우 성능이 떨어진다.

② 사전에 주어진 목적이 없으므로 결과 해석이 어렵다.

③ 잡음이나 이상값에 영향을 많이 받는다.

④ 한 번 군집이 형성되면 군집 내 객체들은 다른 군집으로 이동할 수 없다.

정답 ④

해설 k-means는 초기 중심값을 임의로 선정하여 k개의 군집을 형성한다. 중심값을 옮겨 다니면서 평균을 구하는 방식이기 때문에 다른 군집으로 이동할 수 있다.

28. 아래 데이터 세트 A, B의 유클리드 거리로 알맞은 것은?

	A	B
키	185	180
앉은키	70	75

① 0

② $\sqrt{10}$

③ $\sqrt{25}$

④ $\sqrt{50}$

정답 ③

해설 유클리드 거리는 데이터 간의 유사성 지표를 나타내며 식은 으로, 이 나온다.
$\sqrt{(\text{키 } A - \text{키 } B)^2 + (\text{앉은키 } A - \text{앉은키 } B)^2}$으로, $\sqrt{50}$이 나온다.

29. 아래 오분류표에서 재현율(Recall)로 가장 알맞은 것은?

		예측치		합계
		True	False	
실제값	True	200	300	500
	False	500	200	500
합계		500	500	1000

① 1/3

② 2/5

③ 3/10

④ 7/11

정답 ③

해설 재현율=TP/(FP+TP)=200/(500+300)=0.25으로 구할 수 있다.

30. 다음 중 주성분 회귀 분석에 대한 설명으로 옳지 않은 것은?

① 개별 고유치의 분해 가능 여부를 판단하여 주성분의 개수를 정한다.

② 차원이 축소된 주성분으로 회귀 분석에 적용하는 방법하면 다중 공선성 해결에 도움을 줄 수 있다.

③ 주성분의 개수는 기존보다 큰 고유값의 계수로 정할 수 있다.

④ 변수들의 선형 결합으로 이루어진 주성분은 서로 직교하며, 기존 자료보다 적은 수익 주성분들을 회귀 분석의 독립 변수로 설정할 수 있다.

정답 ①

해설 주성분의 개수는 고유값, 누적 기여율, 스크리 그래프를 통해 설정하는 것이다.

31. 다음 중 의사 결정 나무 모델의 학습 방법에 대한 설명으로 옳지 않은 것은?

① 각 마디에서의 최적 분리 규칙은 분리 변수의 선택과 분리 기준에 의해 결정된다.

② 가지치기는 분류 오류를 크게 할 위험이 높거나 부적절한 규칙을 가지고 있는 가지를 제거하는 작업이다.

③ 이익 도표 또는 검정용 자료에 의한 교차 검증(교차 타당성) 등을 이용해 의사 결정 나무를 평가한다.

④ 분리 변수의 P차원 공간에 대한 현재 분할은 이전 분할에 영향을 받지 않고 이루어지며, 공간을 분할하는 ahesm 직사각형들이 가능한 순수하게 되도록 만든다.

정답 ④

해설 분리 변수의 P차원 공간에 대한 현재 분할은 이전 분할에 영향을 받는다.

32. 자기 조직화 지도(SOM) 방법에 대한 설명으로 옳지 않은 것은?

① SOM은 입력 변수의 위치 관계를 그대로 보존한다는 특징으로 인해 입력 변수의 정보와 그들의 관계가 지도상에 그대로 나타난다.

② SOM은 경쟁 학습으로 각각의 뉴런이 입력 벡터와 얼마나 가까운가를 계산하여 연결 강도를 반복적으로 재조정하여 학습한다.

③ SOM을 이용한 군집 분석은 인공 신경망의 역전파 알고리즘을 사용함으로써 수행 속도가 빠르고 군집의 성능이 매우 우수한다.

④ SOM 알고리즘은 고차원의 데이터를 저차원의 지도 형태로 형상화하기 때문에 시각적으로 이해하기 쉽다.

정답 ④

해설 역전파 알고리즘을 사용하는 분석은 인공 신경망이다. 자기 조직화 지도(SOM)는 전방 전달 포워딩 방식으로 실시간 학습 처리 사용하는 분석 방법이다.

33. 앙상블 모델에 대한 설명으로 옳지 않은 것은?

① 앙상블 모델은 훈련을 한 뒤 예측을 하는데 사용하므로 지도 학습법이다.

② 부스팅은 배깅의 과정과 유사하여 재표본 과정에서 각 자료에 동일한 확률을 부여하여 여러 모형을 만들어 결합하는 방식이다.

③ 랜덤 포레스트는 의사 결정 나무 모형의 특징인 분산이 크다는 점을 고려하여 배깅보다 더 많은 무작위성을 추가한 방법으로 약한 학습기들을 생성하고 이를 선형 결합해 최종 학습기를 만드는 방법이다.

④ 배깅은 주어진 자료에서 여러 개의 부트스트랩 자료를 생성하고 각 부트스트랩 자료에 예측 모델을 만든 후 결합하여 최종 모델을 만드는 방법이다.

정답 ②

34. 과대 적합에 대한 설명으로 가장 옳지 않은 것은?

① 변수가 너무 많아 모형이 복잡할 때 생긴다.

② 과대 적합이 발생할 것으로 예상되면 학습을 종료하고 업데이트하는 과정을 반복해 과대 적합을 방지할 수 있다.

③ 학습 데이터가 모집단의 특성을 충분히 설명하지 못할 때 자주 발생한다.

④ 생성된 모델이 학습(훈련) 데이터에 너무 최적화되어 테스트 데이터의 작은 변화에는 둔감하게 반응한다.

정답 ④

해설 과대 적합은 데이터의 작은 변화에도 민감하게 반응하는 현상이다.

35. 다음 중 회귀 분석의 변수 선택법에 대한 설명으로 가장 옳지 않은 것은?

① 전진 선택법은 중요하다고 생각되는 설명 변수부터 차례로 선택하는 방법이다.

② 전진 선택법은 변수값의 작은 변동에도 결과가 크게 달라지는 단점이 있다.

③ 전진 선택법은 변수를 추가할 때 기존 변수들의 중요도에 영향을 받지 않는다.

④ 후진 제거법은 변수의 개수가 많은 경우에 사용하기가 어렵다.

정답 ③

해설 전진 선택법은 중요도에 따라 중요다가 약해지면 해당 변수를 제거하면서 전진(진행)하는 변수 선택법이다.

36. 아래는 피자와 햄버거의 거래 관계를 나타낸 표다. Pizza/Hamburgers는 피자/햄버거를 포함하는 거래수를 의미하고 (Pizza)/(Hamvurgers)는 피자/햄버거를 포함하지 않은 거래 수를 의미한다. 아래 표에서 피자 구매와 햄버거 구매에 대해 설명한 것으로 가장 알맞은 것은?

	Pizza	(Pizza)	합계
Hamburgers	2,000	500	2,500
(Hamburgers)	1,000	1,500	2,500
합계	3,000	2,000	5,000

① 연관 규칙 중 "햄버거 → 피자" 보다 "피자 → 햄버거"의 신뢰도가 더 높다.

② 정확도가 0.7로 햄버거와 피자의 구매 관련성은 높다.

③ 지지도가 0.6로 전체 구매 중 햄버거와 피자가 같이 구매되는 경향이 높다.

④ 향상도가 1보다 크므로 햄버거와 피자 사이에 연관성이 높다고 할 수 있다.

정답 ④

해설 지지도, 신뢰도, 향상도를 모두 구해야 하는 해결할 수 있는 문제이다. 지지도=P(XnY)=2000/5000=0.4이고 신뢰도=P(XnY)/P(X)=0.4/(3000/5000)=1.33이 된다. 향상도는 P(XnY)/(P(x)*P(y))=0.4/((3000/5000)*(2500/5000))=1.33이 되므로 1보다 크기 때문에 연관성이 높다.

37. 다음 headsize 데이터는 25개 가구에서 첫 번째와 두 번째 성인 아들의 머리길이(head)와 머리폭 (breadth)을 보여준다. 이에 대한 설명 중 가장 옳지 않은 것은?

```
> head(headsize)
           head1      breadth1      head2      breadth2
   [1, ]    191         155          179         145
   [2, ]    195         149          201         152
   [3, ]    181         148          185         149
   [4, ]    183         153          188         149
   [5, ]    196         144          171         142
   [6, ]    208         157          192         152

> str(headsize)
num [1:25, 1:4] 191 195 181 183 176 208 189 197 188 192 ...
−attar(*, "dimnames") = List of 2
...$ : NULL
...$ : chr [1:4]        "head1"       "breadth1"       "head2"       "breadth2"
> out(−princomp(headsize)
> print(summary (out), Loadings=TRUE)
Importance of components:
```

	Comp. 1..	Comp. 1.	Comp. 1..	Pr(>izi)
Standard deviation	15.1	5.42	4.12	3000
Proportion of Variance	0.8	0.10	0.06	0.032
Cumulative Proportion	0.8	0.91	0.97	1.000

Loadings:

	Comp. 1	Comp. 2	Comp. 3	Comp. 3
head1	0.570	0.693	−0.442	
breadth1	0.406	0.219	0.870	−0.173
head2	0.601	−0.633	−0.209	−0.441
breadth2	0.386	−0.267	0.881	

① 두 번째 주성분은 네 개의 변수와 양의 상관 관계를 가진다.

② 주성분 분석의 결과를 보여준다.

③ 앞의 두 개 주성분으로 전체 데이터 분산의 91%를 설명할 수 있다.

④ 네 개의 주성분을 사용하면 전체 데이터 분산을 모두 설명할 수 있다.

정답 ①

해설 결과 아래에 Loadings 부분을 보면, 두 번째 주성분인 head2와 breadth2의 comp. 2 값이 음수로 음의 상관 관계를 가짐을 확인할 수 있다.

38. 모집단이 정규 분포를 따르고 분산이 알려져 있으며 모평균에 대한 95% 신뢰 수준 하에서 신뢰 구간 50±1.96=(49.804, 50.196)로 도출되었을 때, 다음 중 이에 대한 해석으로 옳지 않은 것은?

① 동일 모집단에서 동일한 방법과 개수로 다시 표본을 추출하면, 새로운 표본의 신뢰 구간 추정 값도(신뢰 구간) 동일하다.

② 표본 평균은 50이다.

③ 표본의 개수는 100개이고, 표준 편차는 10이다.

④ 신뢰 구간 추정값(신뢰 구간)의 구간 내에 실제 평균값이 포함되어 있지 않을 수도 있다.

정답 ①

해설 동일한 표본을 추출하더라도 표본을 랜덤하게 추출하는 특성에 의해 신뢰 구간이 다를 수 있다.

39. 다음 중 통계적 추론에 대한 설명으로 옳지 않은 것은?

① 점 추정은 표본의 정보로부터 모집단의 모수를 하나의 값으로 추정하는 것이다.

② 구간 추정은 모수의 참값이 포함되어 있다고 추정되는 구간을 결정하는 것이며, 실제 모집단의 모수는 신뢰 구간에 포함되어야 한다.

③ 통계적 추론은 제한된 표본을 바탕으로 모집단에 대한 일반적인 결론을 유도하려는 시도이므로 본질적으로 불확실성을 수반한다.

④ 전수 조사가 불가능하면 모집단에서 표본을 추출하고 표본을 근거로 확률론을 활용하여 모집단의 모수들에 대해 추론하는 것을 추정이라 한다.

정답 ②

해설 ②번 보기의 구간 추정의 실제 모집단의 모수가 신뢰 구간 내에 반드시 포함되는 것은 아니다.

40. 아래는 다섯 종류의 오렌지 나무(Tree)에 대한 연령(age)과 둘레(circumstance)를 측정한 자료이다. 다음 중 아래에 대한 설명 중 옳지 않은 것은?

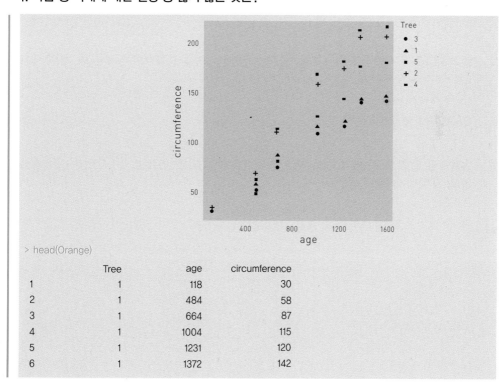

```
> head(Orange)
          Tree        age        circumference
1            1        118                  30
2            1        484                  58
3            1        664                  87
4            1       1004                 115
5            1       1231                 120
6            1       1372                 142
```

```
> summary(Orange)
      Tree           age           circumference
 3 : 7    Min.    : 118.0    Min.      : 30.0
 1 : 7    1st Qu  : 484      1st Qu    : 65.5
 5 : 7    Median  : 1004     Median    : 115.0
 2 : 7    Mean    : 922.1    Mean      : 115.9
 4 : 7    3rd Qu  : 1372.0   3rd Qu    : 161.5
          Max.    : 1582.0   Max.      : 214.0
```

① 나무 종류별로 둘레에 유의한 차이가 있다.

② 연령이 증가할수록 둘레가 증가하는 경향이 있다.

③ 나무 연령의 평균값은 922.1이다.

④ 나무 둘레의 평균값은 115.9이다.

정답 ①

해설 위 결과의 산점도로 연령과 둘레의 유의성, 선형 관계, 이상값과 영향값을 판단할 수 있지만, 나무 종류별로 유의한 차이가 있는지는 알 수 없다.

단답형

5. 혼동 행렬(Confusion Matrix, 오분류표)을 활용하여 모형을 평가하는 지표 중 실제값이 FALSE (Negative)인 관측치 중 예측치가 적중한 정도를 나타내는 용어는?

정답 특이도

해설 특이도에 관한 문제이다.

6. 계층적 군집 분석 결과를 아래와 같이 덴도그램으로 시각화하였다고 할 때 Tree의 높이(height)가 60일 경우 나타나는 군집의 수 계산 결과는?

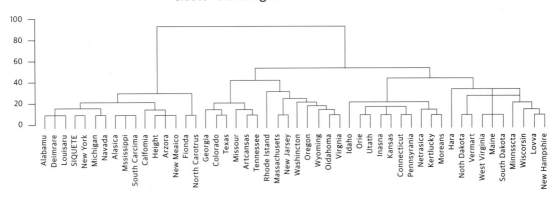

Cluster Dendrogram

정답 3개

해설 문제에서 요구하는 높이가 60에 직선을 그었을 경우, 총 3개의 군집으로 분류된다.

---

7. 분석은 분석의 대상(What)과 분석의 방법(How)에 따라 아래와 같이 분류한다. 다음 중 아래의 빈 칸에 들어갈 용어는?

		분석의 대상(What)	
		Known	Un-Known
분석의 방식(How)	Known	Optimization	( )
	Un-known	Solution	Discovery

정답 통찰(Insight)

해설 표에서 빈칸은 분석의 대상을 알지 못하고 분석의 방식만 아는 경우는 통찰(Insight)에 해당한다.

---

8. 가설 검정 결과에서 귀무가설이 옳은데도 귀무가설을 기각하게 되는 오류의 용어는?

정답 제1종 오류

해설 제1종 오류에 관한 문제이다.

---

9. 로지스틱 회귀 분석에는 이산형(Binary) 종속 변수가 1일 확률을 모델화한다. 설명 변수가 한 단위 증가할 때 종속 변수가 1인 확률과 0인 확률 비의 증가율을 나타내는 용어는?

정답 오즈

해설 신경향 문제이다. 오즈는 성공할 확률에 대한 실패한 확률을 나타내며, $p/(1-p)$로 나타낸다.

---

10. 신경망 모델에서 출력값 z가 여러 개로 주어지고 목표치가 다범주인 경우 각 범주에 속할 사후 확률을 제공하여 출력층(출력 노드)에 주로 사용되는 함수 용어는?

정답 소프트 맥스

해설 최소 3개 이상으로 다중 클래스 분류 모델을 만들 때 사용하는 활성화 함수로 출력층에 주로 사용된 다.

1과목 **데이터 이해**

1. 빅 데이터 시대에 발생할 수 있는 위기 요인과 예시로 옳지 않은 것은?

> (가) 사생활 침해: 카드사의 개인 정보가 유출되어 SMS, email 등으로 관련 없는 광고 전송
> (나) 책임 원칙 훼손: 범죄 예측 프로그램에 의해 은행에서 대출자의 신용도와 무관하고 부당하게 대출을 거절
> (다) 책임 원칙 훼손: 구글은 이미 서비스 이용자가 1시간 뒤에 어떤 일을 할지 87% 정확도로 예측할 수 있음.
> (라) 데이터 오용: 개인 정보를 무단으로 크롤링하여 활용

① 가, 나, 다   ② 가, 다
③ 가, 라   ④ 나, 라

정답 ②

해설 (가)는 데이터 오용에 관한 예시이며, (라) 데이터 오용은 데이터를 잘못 사용하여 직접적인 손실이 발생한 것이다.

2. 다음 중 DBMS에 관한 설명으로 알맞지 않은 것은?
① 데이터베이스는 정의, 조작, 제어라는 3가지 필수 기능이 있다.
② 데이터베이스를 관리하고 운영하는 소프트웨어를 말한다.
③ 데이터베이스에 있는 모든 데이터는 분석이 가능하다.
④ 계층형, 네트워크, 관계형, 객체 지향형, 객체 관계형 등으로 분류된다.

정답 ③

해설 데이터베이스에는 분석이 불가능한 데이터가 있으며, 평균값 처리 등 추가적인 처리가 필요하다.

3. 빅 데이터의 특성에 대한 설명으로 옳지 않은 것은?
① 빅 데이터 분석은 일차적인 분석으로는 불충분하다.
② 비즈니스 핵심에 대해 보다 객관적이고 종합적인 통찰력을 줄 수 있는 데이터를 찾는 것이 중요하다.
③ 기업에서의 빅 데이터 분석은 기업의 분석 문화에 결정적으로 영향을 받는다.
④ 더 많은 정보가 더 많은 가치를 창출하는 것은 아니다.

정답 ①

해설 일차적인 분석으로도 유의미한 효과를 얻을 수 있는 것이 빅 데이터 분석이다.

4. 데이터 웨어하우스와 데이터 마트에 대한 설명으로 옳지 않은 것은?

① 데이터 웨어하우스는 사용자의 의사 결정에 도움을 주기 위해 정보를 기반으로 제공하는 하나의 통합된 데이터 저장 공간을 말한다.

② 데이터 마트는 특정 분야에 집중하고 있기 때문에 해당 분야에 대한 전문성만 갖추고 있다면 구축하는 것이 용이하다.

③ 데이터 웨어하우스에서 관리하는 데이터들은 시간의 흐름에 따라 변화하는 값을 저장한다.

④ 데이터 마트는 모든 사용자 그룹에 서비스를 제공하는 데이터 웨어하우스 논리 모델을 지향한다.

정답 ④

해설 ④번 보기는 데이터 웨어하우스에 관한 설명이다.

5. 다음 중 데이터에 대한 설명으로 적절하지 않은 것은?

① 인터넷 댓글은 그 형태와 형식이 정해져 있지 않아 비정형 데이터라고 한다.

② 1바이트는 256종류의 서로 다른 값을 표현할 수 있는 데이터의 크기를 의미한다.

③ 수치 데이터는 용량이 증가하더라도 텍스트 데이터에 비해 DBMS에 관리하기 용이하다.

④ 데이터가 많을수록 더 많은 가치가 창출된다.

정답 ④

해설 중복 문제이다. 데이터가 많을수록 더 많은 가치 창출이 되는 것은 아니다.

6. 빅 데이터 분석의 특성에 대한 설명으로 적절하지 않은 것은?

① 데이터가 커질수록 분석에 많이 사용되고 이것이 경쟁 우위를 가져다 주는 원천이다.

② 더 많은 정보가 더 많은 가치를 창출하는 것은 아니다.

③ 빅 데이터 과제와 관련된 주된 걸림돌은 비용이 아니다.

④ 비즈니스 핵심에 대해 보다 객관적이고 종합적인 통찰력을 줄 수 잇는 데이터를 찾는 것이 중요하다.

정답 ①

해설 데이터가 단순히 많다고 해서 경쟁 우위를 가져다 주는 것이 아니다. (분석 함정)

7. 데이터의 가치 측정이 어려운 이유로 옳지 않은 것은?

① 빅 데이터는 기존에 존재하지 않던 새로운 가치를 창출하기 때문이다.

② 분석 기술의 발전으로 과거에 분석이 불가능했던 데이터를 분석할 수 있게 되었기 때문이다.

③ 빅 데이터 전문 인력의 증가로 다양한 곳에서 빅 데이터가 활용되고 있기 때문이다.

④ 데이터 재사용의 일반화로 특정 데이터를 언제 누가 사용했는지 알기 힘들기 때문이다.

정답 ③

해설 데이터 가치 산정이 어려운 이유로 데이터 활용 방식의 재사용, 재조합, 가치 창출 방식, 가치 경계 측정 방식 미흡 등이 해당하며, ③번 보기와 관련이 없다.

8. 데이터 사이언스에 대한 설명으로 옳지 않은 것은?

① 주로 분석의 정확성에 초점을 두고 진행한다.

② 정형 데이터 뿐만 아니라 다양한 데이터를 대상으로 한다.

③ 기존의 통계학과는 다른 총체적 접근법을 사용한다.

④ 데이터 사이언스는 데이터로부터 의미 있는 정보를 추출하는 학문이다.

[정답] ①

[해설] 데이터 사이언스는 전략적 통찰, 핵심 이슈 해결을 추구한다.

단답형

1. 아래 설명하는 (가)에 들어갈 용어는?

> (가)는 인터넷을 기반으로 모든 사물을 연결해 사람과 사물, 사물과 사물 간의 정보를 상호 소통하는 지능형 기술 및 서비스이며, 사물에서 생성되는 Data를 활용한 분석을 통해 마케팅 등에 활용할 수 있다.

[정답] 사물 인터넷

[해설] 사물 간의 소통(통신)은 사물 인터넷 기술이다.

2. 데이터 가공 및 상관 관계의 이해를 통해 패턴을 인식하고 그 의미를 부여하는 데이터는?

[정답] 정보

[해설] 정보에 관한 설명이다.

2과목 데이터 분석 기획

9. 기업의 데이터 분석 과제 수행을 위한 수준을 평가하기 위하여 분석 준비도를 파악하게 된다. 다음 중 데이터 분석 준비도의 분석 업무 파악 영역에 대한 설명으로 옳지 않은 것은?

① 예측 분석 업무

② 최적화 분석 업무

③ 업무별 적합한 분석 기법

④ 발생한 사실 분석 업무

[정답] ③

[해설] 분석 준비도의 분석 업무 파악 영역에는 최적화, 예측, 발생한 사실, 분석 업무 정기적 개선이 포함된다.

10. 하향식 접근법의 문제 탐색 단계에 대한 설명으로 옳지 않은 것은?

① 빠짐없이 문제를 도출하고 식별하는 것이 중요하다.

② 비즈니스 모델 캔버스는 문제 탐색 도구로 활용한다.

③ 문제 탐색은 유즈 케이스 활용보다는 새로운 이슈탐색이 우선이다.

④ 문제를 해결함으로써 발생하는 가치에 중점을 두는 것이 중요하다.

정답 ④

해설 ①, ②, ③, ④번 보기 모두 하향식 접근법과 관련이 있지만, ④번 보기의 발생하는 가치에 중점을 두는 것이 중요한 단계는 문제 정의 단계이다.

11. 다음 중 빅 데이터 분석 방법론 중 시스템 구현에 대한 설명으로 옳지 않은 것은?

① 시스템 구현 단계에는 설계 및 구현, 시스템 테스트 및 운영으로 이루어져 있다.

② 정보 보안 영역과 코딩은 시스템 구현 단계에서 주요 고려 사항이다.

③ 시스템 설계서를 바탕으로 비즈니스 인텔리전(BI) 패키지를 활용하거나 새롭게 프로그램 코딩을 통하여 시스템을 구축한다.

④ 사용자의 교육을 실시한다.

정답 ②

해설 ②번 보기의 정보 보안 영역과 코딩은 시스템 구현 단계에서의 주요 고려 사항이 아니다.

12. 다음 중 하향식 접근법의 내용으로 적절한 것은?

① 문제 탐색 단계에서는 발생하는 가치에 중점을 두는 것이 아니라 세부적인 구현 및 솔루션에 초점을 둔다.

② 분석 역량을 확보하였으며, 기존의 분석 기법 및 시스템이 존재하지 않는다면 전문 업체 Sourcing이 필요하다.

③ 타당성 검토 단계에서는 복잡한 문제이기 때문에 다양한 사람들의 의견 조합이 필요하다.

④ 분석 유즈 케이스는 분석 기회들을 구체적인 과제로 만들고 난 뒤에 표기한다.

정답 ③

해설 ③번 보기는 하향식 접근법에는 타당성 검토 단계가 없다.

13. 다음 중 분석 과제 정의서에 포함되지 않은 항목은?

① 상세 알고리즘

② 분석 수행 주기

③ 데이터 수집 난이도

④ 분석 결과 검증 오너십

정답 ①

해설 분석 과제 정의서에는 소스 데이터, 분석 방법, 분석 수행 주기, 데이터 수집 난이도, 분석 결과 검증 오너십, 상세 분석 과정 등이 포함된다.

14. 다음 중 CRISP-DM의 설명으로 옳지 않은 것은?

① CRISP-DM 프로세스 중 비즈니스 이해, 데이터 이해 단계 간에는 피드백이 가능하다.

② 모델링 단계에서는 테스트용 데이터 세트로 평가하여 모델의 과적합 문제를 확인한다.

③ CRISP-DM은 계층적 프로세스 모델로써 4개의 레벨로 구성되며, 6단계의 프로세스를 가진다.

④ 데이터 준비 단계에서는 데이터 기술 분석 및 탐색, 데이터 정제, 데이터 세트 편성 등의 수행 업무가 있다.

정답 ④

해설 CPISP-DM은 데이터 마이닝 표준 방법론으로 데이터 준비 단계에서는 데이터 세트의 선택과 데이터 정제, 분석용 데이터 세트 편성, 데이터 통합, 데이터 포매팅의 업무를 수행한다.

15. 아래의 분석 과제 관리를 위한 5가지 주요 영역의 내용으로 알맞은 것은?

> (가) 분석 과제 관리를 위한 5가지 주요 영역은 Size, Complexity, Speed, Analytic Complexity, Accuaracy & Precision이다.
> (나) 초기 데이터의 확보와 통합 뿐 아니라 해당 데이터에 잘 적용될 수 있는 분석 모델의 선정을 고려해야 한다.
> (다) Precision은 모델을 지속적으로 반복했을 때의 편차의 수준으로써 정확도를 의미한다.
> (라) 분석 모델의 정확도와 복잡도는 트레이드 오프(Trade-off) 관계가 존재한다.

① 가

② 가, 나

③ 가, 나, 다

④ 가, 나, 라

정답 ④

해설 자주 나오는 문제이다. Precision은 모델을 지속적으로 반복했을 때의 편차의 수준으로써 일관적으로 동일한 결과를 제시한다는 것을 의미한다.

16. 데이터 분석 과제에서 프로젝트 관리에 대한 설명으로 옳지 않은 것은?

① 분석 과제는 많은 위험이 있어 사전에 위험을 식별하고 대응 방안을 수립해야 한다.

② 분석 과제는 적용되는 알고리즘에 따라 범위가 변할 수 있어 범위 관리가 중요하다.

③ 분석 과제에서 다양한 데이터를 확보하는 경우가 있어 조달 관리 또한 중요하다.

④ 분석 과제는 분석 전문가의 상상력을 요구하므로 일정을 제한하는 일정 계획은 적절하지 못하다.

정답 ④

해설 분석 결과에 대한 품질이 보장된다는 전제로 Time Boxing 기법으로 일정 관리 진행이 필요하다.

단답형

3. 앙상블 기법 중 부트스트랩 표본을 구성하는 재표본 과정에서 분류가 잘못된 데이터에 더 큰 가중치를 주어 표본을 추출하는 기법은?

정답 부스팅

해설 자주 나오는 문제로 큰 가중치를 주어 표본을 추출하는 기법은 앙상블 기법이다.

4. 식별된 비즈니스 문제를 데이터의 문제로 변환하여 정의하는 단계는?

정답 문제 정의

해설 문제 정의 단계에 대한 문제이다.

3과목 데이터 분석

17. 자료의 특징이나 분포를 한눈에 보기 쉽도록 시각화하는 작업은 매우 중요하다. 다음 중 상자 그림 (Box Plot)에 대한 설명으로 옳지 않은 것은?

① 이상값(이상치)을 판단하기에는 적합하지 않다.
② 자료의 크기 순서를 나타내는 5가지 통계량(최소값, 최대값, 1 사분위수, 중앙값, 3 사분위값) 을 이용하여 시각화하는 방법이다.
③ 사분위수를 한 눈에 볼 수 있다.
④ 자료의 범위를 개량적으로 알 수 있다.

정답 ①

해설 상자 그림은 데이터의 분포를 시각화하여 나타내는 그림으로 데이터의 (중앙값, 사분위수, 이상값)을 파악하기 쉽게 나타낸 그래프이다.

18. 연관 분석의 장점으로 적절한 것은?

① 조건 반응(if-then)으로 표현되어 결과를 이해하기 쉽다.
② 분석을 위한 계산이 상당히 간단하다.
③ 목적 변수가 없어 분석 방향이나 목적이 없어도 적용이 가능하다.
④ 품목 세분화에 관계없이 의미 있는 규칙 발견이 가능하다.

정답 ④

해설 연관 분석을 품목 세분화를 통해 의미 있는 규칙을 발견하는 분석 방법이다.

19. 시계열 모델에 대한 설명으로 옳은 것은?

① ARIMA의 약어는 AutoRegressive Improved Moving Average이다.

② ARIMA 모델에서 p=0일 때, IMA9(d,q) 모델이라고 부르고, d번 차분하면 MA(q) 모델을 따른다.

③ 분해 시계열은 일반적인 요인을 분리하여 분석하는 방법으로 회귀 분석적인 방법과는 다르게 사용한다.

④ ARIMA 모델에서는 정상성을 확인할 필요가 있다.

정답 ②

해설 ARIMA모델은 IMA(p,d,q) 모델로 부르고, 여기서 p=0일 때, IMA(d,q) 모델이 된다.

20. 아래의 수식에 알맞은 함수로 옳은 것은?

y=1/(1+exp(−x))

① sigmoid
② tanh
③ softmax
④ ReLU

정답 ①

해설 위 문제에서 나타난 식은 시그모이드 함수에 관한 수식이다.

21. ROC 그래프에서 이상적으로 완벽히 분류한 모형의 x축과 y축의 값은?

① 0, 0
② 1, 1
③ 1, 0
④ 0, 1

정답 ④

해설 ROC 그래프에서 이상적인 x축과 y축의 값은 0,1이다. 과거 자주 나오는 문제이므로 반드시 여러 번 체크하자.

22. 아래의 거래 내역에서 지지도가 25%, 신뢰도가 50% 이상인 관계는?

품목	거래건수
A	10
B	5
C	25
A,B,C	5
B,C	20
A,B	20
A,C	15

① A → B
② C → A
③ B → C
④ A → C

정답 ①

해설 정답인 A → B의 지지도는 P(A∩B), 신뢰도는 P(A∩B)/P(A)로 구할 수 있다. 지지도를 구하기 위해서 (A와 B가 동시에 포함된 거래건수)/(전체 거래 수)=(25)/(100)=0.25로 구할 수 있으며, 신뢰도는 지지도/(A의 거래건수/전체 거래 수)=0.25/(50/100)=0.25/0.5=0.5로 구할 수 있다.

23. 다음 중 군집 분석에 대한 설명으로 옳지 않은 것은?

① 군집의 분리가 논리적인가를 살펴보기보다는 군집의 안정성이 더 중요하다고 할 수 있다.

② 군집 분석에서는 군집의 개수나 구조에 대한 가정없이 다변량 데이터로부터 거리 기준에 의한 자발적인 군집화를 유도한다.

③ 군집 결과에 대한 안정성을 검토하는 방법은 교차 검증을 이용하는 방법을 생각할 수 있다. 데이터를 두 집단으로 나누어 각 집단에서 군집 분석을 한 후 합쳐서 군집 분석한 결과와 비교하여 비슷하면 결과에 대해 안정성이 있다고 할 수 있다.

④ 개체를 분류하기 위한 명확한 기준이 존재하지 않거나 기준이 밝혀지지 않은 상태에서 유용하게 이용할 수 있다.

정답 ①

해설 군집 분석에서는 논리적 안정성도 함께 고려되어야 한다.

24. 의사 결정 나무 모델(모형)에 대한 설명으로 옳지 않은 것은?

① 이익 도표 또는 검정용 자료에 의한 교차 검증(교차 타당성) 등을 이용해 의사 결정 나무를 평가한다.

② 가지치기는 분류 오류를 크게 할 위험이 높거나 부적절한 규칙을 가지고 있는 가지를 제거하는 작업이다.

③ 의사 결정 나무 모델은 지도 학습 모델로 상향식 의사 결정 흐름을 가지고 있다는 특징이 있다.

④ 대표적인 적용 사례는 대출 신용 평가, 환자 증상 유추, 채무 불이행 가능성 예측 등이 있다.

정답 ③

해설 ③번 보기의 의사 결정 나무 모델은 주어진 입력값에 대한 출력값을 예측하는 지도 학습 모델은 맞으나, 하향식 의사 결정 흐름을 가지고 있다.

25. K-NN(K-Nearset Neighbor) 방법에 대한 설명으로 적절하지 않은 것은?

① 훈련 데이터에서 미리 모델을 학습하지 않고 새로운 자료에 대한 예측 및 분류를 수행할 때 모형을 구성하는 게으른 학습(Lazy Learing) 기법을 사용한다.

② K값이 커질수록 과대 적합(Overfiting)의 문제가 발생한다.

③ 주변의 가장 가까운 K개의 데이터를 보고 데이터가 속한 그룹을 판단하는 알고리즘이다.

④ 그룹을 모르는 데이터 P에 대해 이미 그룹이 알려진 데이터 중 P와 가장 가까이 있는 K개의 데이터를 수집하여 그룹을 예측한다.

정답 ②

해설 K값이 커질수록 과소 적합, K값이 작을수록 과대 적합 문제가 발생한다.

26. 다음 중 잔차 분석의 오차 정규성 검정에 대한 설명으로 알맞지 않은 것은?

① Q-Q Plot으로 대략적인 확인이 가능하다.

② 잔차의 히스토그램이나 점도표를 그려서 정규성 문제를 검토하기도 한다.

③ 정규성을 만족하지 않을 때는 종속 변수와 상관 계수가 높은 독립 변수를 제거한다.

④ 정규성을 검정하는 방법으로 샤피로윌크, 앤더슨달링 검정 등을 이용할 수 있다.

정답 ③

해설 정규성이 만족하지 않을 때는 log나 루트를 취함으로써 정규 분포로 변환하는 방법을 통해 정규성을 만족시킨다.

27. 앙상블 기법에 대한 설명으로 옳은 것은?

① 대표적인 앙상블 기법은 배깅, 부스팅이 있다.

② 앙상블 기법을 사용하게 되면 각 모델의 상호 연관성이 높을수록 정확도가 향상된다.

③ 랜덤 포레스트는 앙상블 기법 중 유일한 비지도 학습 기법이다.

④ 전체적인 예측값의 분산을 유지하여 정확도를 높일 수 있다.

정답 ①

해설 앙상블 기법은 주어진 데이터로부터 여러 개의 모델을 학습한 다음, 여러 모델의 결과도를 종합하는 기법이다. 각 모델의 상호 연관성이 낮아 분산이 감소될 때 성능을 향상시킬 수 있다. 앙상블의 기법에는 배깅, 부스팅, 랜덤 포레스트 등이 있다.

28. 회귀 모델을 해석하는 방법으로 가장 거리가 먼 것은?

① 모형이 선형성, 정상성, 독립성을 만족하는가?

② 모형이 통계적으로 유의미한가?

③ 모형이 데이터를 잘 적합하고 있는가?

④ 모형의 독립 변수, 종속 변수 간의 상관 계수가 유의한가?

정답 ④

해설 ④번 보기는 상관 분석에 관한 설명이다.

29. 시계열 분석에 관한 설명으로 옳지 않은 것은?

① AR 모델은 과거의 값이 현재의 값에 영향을 줄 때 사용하며, MA 모델은 오차를 이용해 회귀 식을 만드는 방법이다.

② ARMA 모델은 약한 정상성을 가진 확률적 시계열을 표현하는데 사용한다.

③ 지수 평활법은 특정 기간 안에 속하는 시계열에 대해서는 동일한 가중치를 부여한다.

④ 대부분의 시계열을 비정상 자료이다. 그러므로 비정상 자료를 정상성 조건에 만족시켜 정상 시계열로 만든 후 시계열 분석을 한다.

정답 ③

해설 ③번 보기의 지수 평활법은 모든 시계열 자료의 평균을 구하여 미래를 예측하는 방법이다.

30. 소매점에서 물건을 배열하거나 카탈로그 및 교차 판매 등에 적용하기 적합한 데이터 마이닝 기법은?

① 군집   ② 예측

③ 분류　　　　　　　　　　　　　④ 연관 분석

정답 ④

해설 연관 분석은 항목 간의 연관 규칙을 발견하는 과정으로 물건 배열이나 교차 판매에 효과적이다.

31. 오분류표에서 재현율(Recall)로 옳은 것은?

		예측치		합계
		True	False	
실제값	True	40	60	100
	False	60	40	100
합계		100	100	200

① 0.15　　　　　　　　　　　　② 0.3

③ 0.4　　　　　　　　　　　　④ 0.55

정답 ③

해설 재현율(Recall)=TP/(TP+FN)=40/(40+60)=0.4가 된다.

32. 다음 중 회귀 분석에 대한 설명으로 옳지 않은 것은?

① 잔차와 독립 변수는 상관 관계가 있다면 분석이 잘 된 모델이라고 할 수 있다.

② 독립 변수의 수가 많아지면 모델의 설명력이 증가하지만 모델이 복잡해지고, 독립 변수들간 에 서로 영향을 미치는 다중 공선성의 문제가 발생하므로 상대적인 조장이 필요하다.

③ 명목형 변수는 회귀 분석에서 더미 변수화하여 사용할 수 있다.

④ 총변동에서 추정된 회귀식에 의해 설명되는 변동의 비율로 나타낼 수 있다.

정답 ①

해설 회귀 분석 결과에서 분석이 잘 된 모델이라는 것은 잔차와 독립 변수가 더 이상 상관 관계를 가지지 않고 독립성을 가지는 것을 말한다. 이를 등분산성이라고 한다.

33. 아래는 1988년 서울올림픽 여자 육상 7종 경기의 기록 데이터를 사용한 주성분 분석(PCA) 결과이 다. 다음의 설명으로 옳지 않은 것은?

```
> heptathion_pca <-prcomp(heptathion2[, -score[, scales=TRUE]
> summary(heptathion_pca)

importance of components:
                  PC1    PC2    PC3    PC4    PC5    PC6    PC7
Standard deviation     2.079  0.948  0.911  0.641  0.544  0.317  0.242
Proportion of Variance 0.618  0.128  0.119  0.044  0.042  0.016  0.009
Cumulative Proportion  0.618  0.746  0.865  0.931  0.973  0.990  1.000
```

① 한 개의 주성분으로 자료를 축약할 때 전체 분산의 61.8%가 설명 가능하다.

② 정보 손실률 20% 이하로 변수 축약을 한다면 세 개의 주성분을 사용하는 것이 적당하다.

③ 두 개의 주성분으로 자료를 축약할 때 전체 분산의 12.8%가 설명 가능하다.

④ 첫 번째 주성분의 분산이 가장 크다.

정답

해설 ③번 보기의 두 개의 주성분으로 자료를 축약하면, 전체 분산에서 0.746 즉, 74.6%가 설명 가능한 것을 확인할 수 있다. 자주 나오는 유형이니 결과 분석법을 알아 두자.

34. 아래는 피자와 햄버거의 거래 관계를 나타낸 표다. Pizza/Hamburgers는 피자/햄버거를 포함하는 거래수를 의미하고 (Pizza)/(Hamvurgers)는 피자/햄버거를 포함하지 않은 거래 수를 의미한다. 아래 표에서 피자 구매와 햄버거 구매에 대해 설명한 것으로 가장 알맞은 것은?

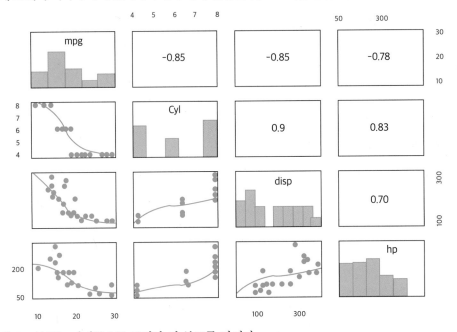

① hp 분포는 아래쪽으로 꼬리가 긴 분포를 가진다.

② mpg와 disp는 거의 선형 관계를 가진다.

③ cyl은 선형 관계가 있어 보이나 분포도상 범주형 변수인 걸 알 수 있다.

④ mpg와 hp의 선형계수는 0.9이다.

정답 ④

해설 위 그림 윗줄의 mpg와 hp가 만나는 곳을 보면 계수가 0.9가 아닌, −0.78인 것을 확인할 수 있다.

35. 아래는 Apriori 알고리즘의 분석 순서이다. 다음의 수행 순서로 알맞은 것은?

> (가) 최소 지지도를 설정한다.
>
> (나) 반복적으로 수행하여 최소 지지도가 넘는 빈발 품목 집합을 찾는다.
>
> (다) 찾은 개별 품목만을 이용해 최소 지지도가 넘는 2가지 품목을 찾는다.
>
> (라) 찾은 품목 집합을 결합하여 최소 지지도를 넘는 3가지 품목 집합을 찾는다.
>
> (마) 개별 품목 중에서 최소 지지도가 넘는 모든 품목을 찾는다.

① 가-나-다-라-마

② 가-나-마-다-라

③ 가-마-나-다-라

④ 가-마-다-라-나

정답 ④

해설 Apriori 알고리즘은 최소 지지도 설정 → 빈도 수를 기반으로 정렬 → 트리 생성 → 트리 시작 및 확장 → 빈발 품목 집합 도출의 순으로 수행한다.

36. 주성분 분석에 대한 설명으로 적절하지 않은 것은?

① 표본의 크기가 작거나 순서형 자료를 포함하는 범주형 자료에 적용이 가능하다.

② p개의 변수들을 중요한 m(p) 개의 주성분으로 표현하여 전체 변동을 설명하는 것으로 m개의 주성분은 원래 변수와는 관계없이 생성된 변수들이다.

③ 변수들끼리 상관성이 있는 경우, 해석상의 복잡한 구조적 문제가 발생하는데 이를 해결하기 위해 사용한다.

④ 다변량 자료를 저차원의 그래프로 표시하여 이상값(Outlier) 탐색에 사용한다.

정답 ②

해설 주성분 분석에서 추출된 m개의 주성분은 서로 상관성이 높은 변수들의 선형 결합으로 변수들을 요약, 축소한 것이다.

37. 상관 계수에 대한 설명으로 옳지 않은 것은?

① 피어슨 상관 계수는 두 변수 간의 선형 관계의 크기를 측정한다.

② 피어슨 상관 계수는 두 변수를 순위로 변환시킨 후 두 순위 사이의 상관 계수로 정의된다.

③ 스피어만 상관 계수는 두 변수 간의 비선형적인 관계도 측정 가능하다.

④ 피어슨 상관 계수와 스피어만 상관 계수는 1과 1사이의 값을 가진다.

정답 ②

해설 ②번 보기는 스피어만 계수에 관한 설명이다.

38. 원 데이터 집합으로부터 크기가 같은 표본을 여러 번 단순 임의 복원 추출하여 각 표본에 대한 분류기를 생성한 후 그 결과를 앙상블하는 방법은?

① 의사 결정 나무

② 서포트 벡터 머신

③ 유전자 알고리즘

④ 배깅

[정답] ④

[해설] 여러 개의 분류기를 생성하고, 결합(앙상블)하는 것은 배깅이다.

39. 모집단에 대한 어떤 가설을 설정한 뒤에 표본 관찰을 통해 그 가설의 채택 여부를 결정하는 분석 방법은?

① 구간 추정   ② 가설 검정

③ 점 추정   ④ 신뢰 수준

[정답] ②

[해설] 가설을 설정하고 채택하는 분석 방법은 가설 검정이다.

40. Collegd 데이터 프레임은 777개의 미국 소재 대학의 각종 통계치를 포함한다. 각 대학에 재학하는 데 필요한 비율이 졸업률(Grad.Rate)에 미치는 영향을 알아보기 위해 등록금(Outstate), 기숙사비 (Room.board), 교재 구입비(Books), 그 외 개인 지출 비용(Personal)을 활용하기로 했다. 다음 중 아래 결과물에 설명으로 알맞지 않은 것은?

	Grad.Rate	Outstate	Room.Board	Books	Personal
Grad. Rate	1.00	0.57	0.42	0.00	−0.27
Outstate	0.57	1.00	0.65	0.04	−0.30
Room.Board	0.42	0.65	1.00	0.13	−0.20
Books	0.00	0.04	0.13	1.00	0.18
Personal	−0.27	−0.30	−0.20	0.18	1.00

① Room.Board와 Outstate 간의 상관 관계는 있다고 할 수 있다.

② 위의 결과로 각 변수 간의 인과 관계를 알 수 있다.

③ Personal과 Grad.Rate, Outstate, Room.Board는 음의 상관 계수를 가진다.

④ Grde.Rate의 값이 커짐에 따라 Books의 값이 커지는 원인을 알 수 없다.

[정답] ②

[해설] 위 그림은 각 변수 간 상관 관계를 나타낸 것으로 인과 관계를 알 수는 없다. 인과 관계는 회귀 분석을 활용해야 한다.

단답형

5. 다음 중 빈칸에 공통으로 들어갈 용어는?

> (　　　)(이)란, 전사 차원의 모든 데이터에 대하여 정책 및 지침, 표준화, 운용 조직 및 책임 등의 표준화된 관리 체계를 수립하고 운영을 위한 프레임워크 및 저장소를 구축하는 것을 의미한다. 특히, 마스터 데이터, 메타 데이터, 데이터 사전은 (　　　)의 중요한 관리 대상이다.

정답 데이터 거버넌스

해설 전사 차원의 표준 지침, 관리 체계 수립, 저장소 구축의 키워드에서 데이터 거버넌스임을 알 수 있다.

6. 인공 신경망에서 동일 입력층에 대해 원하는 값이 출력되도록 개개의 가중치를 조정하는 방법은?

정답 역전파 알고리즘

해설 가중치를 조절하여 편향을 최적화시키며 거꾸로 전파하는 알고리즘은 역전파 알고리즘이다.

7. 군집 분석의 품질을 정량적으로 평가하는 대표적인 지표로 군집 내의 데이터 응집도(Cohesion)와 군집 간 분리도(Separation)를 계산하여 군집 내의 데이터의 거리가 짧을수록, 군집 간 거리가 멀수록 값이 커지며 완벽한 분리일 경우 1의 값을 가지는 지표는?

정답 실루엣

해설 자주 나오는 문제이다. 실루엣의 완벽한 군집은 1, 그렇지 않으면 −1의 값을 가진다. 범위를 물어보는 객관석 문제도 나오니 확실하게 파악하자.

8. 통계 분석 개념 중 모집단의 특성을 단일한 값으로 추정하는 방법은?

정답 점 추정

해설 모집단의 특성을 참값으로 추정되는 하나의 단일한 값으로 추정하는 방법은 점 추정 방법이다.

9. 다음 내용에서 설명하고 있는 용어는?

> 이것은 배깅에 랜덤 과정을 추가한 방법이다. 원 자료로부터 부트스트랩 샘플을 추출하고, 각 부트스트랩 샘플에 대해 트리를 형성해 나가는 과정은 배깅과 유사하나, 각 노드마다 모두 예측 변수 안에서 최적의 분할을 선택하는 방법 대신 예측 변수를 임의로 추출하고 추출된 변수 내에서 최적의 분할을 만들어 나가는 방법을 사용한다.

정답 랜덤 포레스트

해설 자주 나오는 문제이다. 예측 변수를 랜덤하게 임의로 추출하고, 다양한 모델을 만드는 앙상블 방법은 렌덤 포레스트이다.

10. 불순도를 측정하는 지표로 노드의 불순도를 나타내는 값이다. 클수록 이질적이며 순수도가 낮다고 볼 수 있으며, CART에서 목적 변수가 범주형일 경우 사용하는 이 지표는?

정답 지니 지수

해설 불순도를 지표로 이질성과 순수도를 분석하는 지표는 지니 지수이다. 객관식에도 나오는 자주 나오는 문제이니 정확하게 파악하자.

1과목 | 데이터 이해

1. 빅 데이터가 발생시키는 문제를 중간자 입장에서 중재하고 해결하는 역할을 하는 직업은?

① 애널리스트
② 알고리즈미스트
③ 데이터 관리자
④ 정보 보안 전문가

정답 ②

해설 데이터에 대한 문제를 중재하고 불이익 상황을 해결하는 중간자 역할은 알고리즈미스트이다.

2. 다음 중 빅 데이터 위기 요인 중 사생활 침해를 막기 위한 기술로 옳은 것은?

① 표준화
② 정규화
③ 일반화
④ 익명화

정답 ④

해설 사생활 침해를 해결하기 위한 기술로 익명화가 있다.

3. 데이터 사이언티스트의 필요 역량으로 옳지 않은 것은?

① 설득력 있는 스토리텔링
② 통찰력 있는 분석
③ 다분야 간 협력을 위한 커뮤니케이션
④ 네트워크 최적화

정답 ④

해설 데이터 사이언티스트의 필요 역량으로 데이터를 이해하고 쉽게 설명하는 능력인 소프트 스킬과 이론적 지식과 데이터 분석 기술에 해당하는 하드 스킬이 있다. 네트워크 최적화는 데이터 사이언티스트의 필요역량이 아니다.

4. 데이터베이스와의 통신을 위해 고안된 언어로 알맞은 것은?

① SQL
② Java
③ R
④ Python

정답 ①

해설 데이터베이스 표준 질의 언어는 SQL이다.

5. 다음 중 빅 데이터 기술의 활용에 대한 설명으로 옳지 않은 것은?

① 기업 활용 사례로 구글 검색 기능, 월마트 매출 향상 등이 있다.

② 정부는 이익을 목적으로 개인의 정보를 활용할 수 있는 방안을 모색한다.

③ 가수는 팬들의 음악 청취 기록을 분석해 공연의 곡 순서 방안을 모색한다.

④ 정부 활용 사례로 실시간 교통 정보 제공, 기후 정보 제공, 각종 지원 활동 예측 등이 있다.

정답 ②

해설 이익을 목적으로 개인 정보를 활용할 수 없다.

6. 다음 중 빅 데이터 및 데이터 사이언스 등의 기술이 가져올 변화로 옳지 않은 것은?

① 해당 기술은 비용 절감, 고객 서비스 향상, 내부 의사 결정 지원 등에서 엄청난 가치를 발견할 것이다.

② 급변하는 환경에서 예측하지 못했던 전환이나 위기에 빨리 적응할 수 있게 할 것이다.

③ 사물 인터넷의 적용으로 사람의 개입이 최대화되어 실시간으로 데이터를 수집할 것이다.

④ 디지털화된 정보와 대상들이 서로 연결되기 때문에 연결이 얼마나 원활할지가 중요해질 것이다.

정답 ③

해설 사물 인터넷은 사물끼리의 통신을 의미하는 것으로 사람의 개입이 최소화된다.

7. 다음 중 사용자와 데이터베이스 사이에서 사용자의 요구에 따라 정보를 처리해 주고 데이터베이스를 관리해주는 소프트웨어는?

① DBMS

② SQL

③ ERD

④ Data Dictionary

정답 ①

해설 데이터베이스를 관리하는 시스템은 DBMS이다.

8. 빅 데이터 시대 위기 요인으로 적절하지 않은 것은?

① 데이터 오용

② 사생활 침해

③ 책임 원칙 훼손

④ 데이터 분석 예측

정답 ④

해설 자주 나오는 문제이다. 데이터 시대 위기 요인은 데이터 오용, 사생활 침해, 책임 원칙 훼손의 3가지가 있다.

단답형

1. 아래에서 설명하는 데이터 분석 조직 구조는?

> – 전사 분석 업무를 별도의 분석 전담 조직에서 담당
> – 전략적 중요도에 따라 분석 조직이 우선순위를 정해서 진행 가능
> – 현업 업무 부서의 분석 업무와 이중화/이원화 가능성 높음

정답 집중 구조

해설 전담 조직, 이원화라는 키워드에서 집중 구조임을 알 수 있다.

2. 아래에서 설명하는 용어는?

> 문자, 기호, 음성, 영상 등 상호 연관된 다수의 콘텐츠를 정보 처리 및 정보 통신 기기에 의하여 체계적으로 수집/축적하여 다양한 용도와 방법으로 이용할 수 있도록 정리한 정보의 집합체

정답 데이터베이스

해설 정보 통신 기기의 정보를 축적하여 사용하는 것은 데이터베이스를 의미한다.

2과목 데이터 분석 기획

9. 분석 마스터플랜 수립에서 과제 우선순위 결정과 관련된 내용으로 옳지 않은 것은?

① 전략적 중요도, ROI, 실행 용이성은 분석 과제 우선순위 결정에 고려할 사항이다.
② 시급성과 전략적 필요성은 전략적 중요도의 평가 요소이다.
③ 적용 기술의 안정성 검증은 기술 용이성의 평가 요소이다.
④ 가치는 투자 비용 요소이다.

정답 ④

해설 가치는 비즈니스 요소이며, 투자 비용 요소에는 크기, 다양성, 속도가 있다.

10. 분석 조직 인력을 현업 부서에 배치하여 분석 업무를 수행하는 형태로서, 전사 차원에서 분석 과제의 우선순위를 선정하여 수행할 수 있고, 분석 결과를 식속하게 실무에 적용할 수 있는 데이터 분석 조직 구조는?

① 집중 구조
② 기능 구조
③ 확산 구조
④ 분산 구조

정답 ④

해설 분산 구조에 대한 문제이다. 자주 나오는 문제로 분석 조직 구조가 아닌 것을 묻기도 한다.

11. 기업의 데이터 분석 도입 수준을 명확하게 파악하기 위한 방법으로 분석 준비도(readiness)를 진단할 수 있다. 다음 중 분석 준비도를 측정하기 위한 요소로 옳지 않은 것은?

① 분석 기법   ② 분석 데이터

③ 분석 목표 및 전략   ④ 분석 인력 및 조직

정답 ③

해설 분석 준비도를 측정하기 위한 요소는 분석 기법, 분석 데이터, 분석 인력 및 조직 등이 있다.

12. 다음 중 데이터 거버넌스의 구성 요소로 알맞지 않은 것은?

① 원칙   ② 절차

③ 조직   ④ 데이터 메니저먼트

정답 ④

해설 데이터 거버넌스 구성 3요소는 원칙, 조직, 프로세스이다.

13. 메타 데이터 관리, 데이터 사전 관리, 데이터 생명 주기 관리에 해당하는 데이터 거버넌스 체계는?

① 데이터 표준화   ② 데이터 저장소 관리

③ 표준화 활동   ④ 데이터 관리 체계

정답 ④

해설 데이터 거버넌스 문제는 자주 나오는 문제이며, 데이터들을 관리하는 거버넌스는 데이터 관리 체계이다.

14. 다음 중 빅 데이터 분석 방법론의 분석 기획 단계에서 프로젝트 위험 대응 계획을 수립할 때 예상되는 위험에 대한 대응 방법의 구분으로 옳지 않은 것은?

① 회피   ② 관리

③ 전이   ④ 수용

정답 ②

해설 위험 대응 방법의 구분에는 회피, 전이, 완화, 수용이 있다.

15. 분석 과제 발굴의 상향식 접근법에서 프로세스 분석을 통한 절차로 옳은 것은?

① 프로세스 분류 → 프로세스 흐름 분석 → 분석 요건 식별 → 분석 요건 정의

② 분석 요건 정의 → 분석 요건 식별 → 프로세스 분류 → 프로세스 흐름 분석

③ 분석 요건 식별 → 프로세스 흐름 분석 → 프로세스 분류 → 분석 요건 정의

④ 프로세스 흐름 분석 → 프로세스 분류 → 분석 요건 정의 → 분석 요건 식별

정답 ①

해설 프로세스 분석을 통한 절차는 프로세스 분류, 흐름 분석, 분석 요건 식별, 분석 요건 정의의 순서로 이루어 진다.

16. 다음 중 난이도와 시급성을 고려하였을 때 우선적으로 추진해야 하는 분석 과제로 옳은 것은?

① 난이도: 어려움, 시급성: 미래

② 난이도: 쉬움, 시급성: 현재

③ 난이도: 어려움, 시급성: 현재

④ 난이도: 쉬움, 시급성: 미래

[정답] ②

[해설] 시점적으로 현재, 가장 난이도가 쉬운 것을 최우선적으로 추진한다.

단답형

3. 문제가 주어지고 이에 대한 해법을 찾기 위하여 각 과정이 체계적으로 단계화되어 수행하는 분석 과제 발굴 방식은?

[정답] 하향식 접근법

[해설] 자주 나오는 문제로 문제를 정의하는 것이 아닌, 주어졌을 때 해법을 찾는 발굴 방식은 하향식 접근법이다.

4. 여러 대상 간의 관계에 관한 수치적 자료를 이용해 유사성에 대한 측정치를 상대적 거리로 시각화하는 방법은?

[정답] 다차원 척도법

[해설] 자주 나오는 문제이며, 3단원에도 이어지는 문제이다. 여러 대상 관계에 따른 수치적 자료를 유사성에 대한 상대적 거리로 시각화하는 방법은 다차원 척도법이다.

3과목 데이터 분석

17. 다음 중 LASSO 회귀 모델에 대한 설명으로 옳지 않은 것은?

① 모델에 포함된 회귀 계수들의 절대값의 크기가 클수록 penalty를 부여하는 방식이다.

② L2 penalty를 사용한다.

③ 자동적으로 변수 선택을 하는 효과가 있다.

④ penalty의 정도를 조정하는 모수가 있다.

[정답] ②

[해설] LASSO(라쏘) 회귀는 L1 Panalty를 사용하는 회귀 모델이며, 회귀 계수를 0으로 만드는 효과가 있다.

18. 아래 데이터 세트(data set) A, B간의 유사성 측정을 위한 맨해튼 거리 계산 결과는?

물품	A	B
키	180	175
몸무게	65	70

① 0

② $\sqrt{10}$

③ 10

④ $\sqrt{50}$

정답 ③

해설 유클리드 거리와 맨해튼 거리를 구하는 문제는 자주 나오는 문제이다. 위 표에서 맨해튼 거리는 (|180−175|+|65−70|)=10으로 계산할 수 있다.

20. 확률 변수 X의 확률은 아래와 같이 나타낼 수 있다. 다음 중 알맞은 것은?

$$P(X=1)=1/3, P(X=2)=1/6, P(X=3)=1/2$$

① X의 기댓값은 13/6이다.

② X가 1혹은 2일 확률은 1/2보다 크다.

③ X가 4일 확률은 0보다 크다.

④ X가 1,2,3 중 하나의 값을 가질 확률은 1보다 작다.

정답 ①

해설 복잡한 분석을 해야할 것 같은 문제처럼 보이지만, 기댓값을 구할 수 있는지를 물어보는 단순한 문제이다. X의 기댓값은 E(X)=Σxf(x)로 계산한다. 따라서, 각 X와 확률은 곱한 (1*1/3)+(2*1/6)+(3*1/2)=13/6이 나온다.

19. 혼합 분포 군집 모델의 특징으로 옳지 않은 것은?

① 확률 분포를 도입하여 군집을 수행하는 모델 기반 군집 방법이다.

② 군집을 몇 개의 모수로 표현할 수 있다.

③ 군집의 크기가 작을수록 추정의 정도가 쉽다.

④ 모수 추정에서 데이터가 커지면 수행하는데 시간이 걸릴 수 있다.

정답 ③

해설 중복 문제이다. 군집의 크기가 작을수록 추정이 어려워지며, 커지면 시간이 오래 걸리므로 적당한 군집 크기 선정이 중요하다.

21. EM 알고리즘을 사용하여 혼합 분포 모델을 추정하고자 한다. 아래와 같은 그래프가 도출되었을 때, 그래프에 대한 해석으로 알맞은 것은?

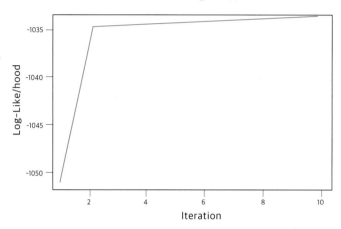

Observed Data Log-Like//hood

① 정규 혼합 분포가 2가지로 관찰되었다.

② 모수의 추정을 위해 10회 이상의 반복 횟수가 필요하다.

③ 로그 가능 도함수의 최소값이 −1040이다.

④ 반복 횟수 2회만에 로그 가능 도함수가 최대가 되었다.

정답 ④

해설 위 그래프를 보면 2에서 로그 가능 도함수가 최대가 되었음을 확인할 수 있다.

22. 아래 오분류표를 이용하여 계산된 정밀도값은?

		예측치		합계
		True	False	
실제값	True	30	70	100
	False	60	40	100
합계		90	110	200

① 3/9

② 3/10

③ 4/10

④ 7/11

정답 ①

해설 정밀도는 TP/(TP+FP)으로 구할 수 있다. 주어진 오분류표에서의 정밀도는 30/30+60=3/9이다.

23. 다음 중 분류 모델에 대한 설명으로 옳은 것은?

① 같이 팔리는 물건과 유사 아이템을 분류하는 것을 의미한다.

② 군집 분석과 동일하게 레코드 자체가 먼저 분류되어 있지 않아도 적용할 수 있다.

③ 대표적인 분석 방법으로 장바구니 분석 기법이 존재한다.

④ 데이터의 이해를 더 쉽게 하기 위해 데이터를 특정 기준으로 분류 및 범주화하고 등급화하는 방법을 말한다.

정답 ④

해설 분류 모델은 데이터의 이해를 쉽게 하기 위해 다수의 속성 혹은 변수를 가지는 객체들을 사전에 정해진 그룹의 범주 중의 하나로 분류하는 방법이다.

24. 다음 중 아래의 표가 나타내는 확률 질량 함수를 가진 확률 변수 X의 기댓값 E(x)로 옳은 것은?

X	1	2	3	4
f(x)	0.5	0.3	0.2	0

① 1   ② 1.7

③ 3   ④ 10

정답 ②

해설 기댓값은 X와 f(x)의 곱의 합으로 구할 수 있다. 따라서, (1*0.5)+(2*0.3)+(3*0.2)+(4*0)=1.7이다.

25. Credit 데이터는 400명의 신용 카드 고객에 대해 신용 카드 대금(balance)과 소득(income), 학생 여부(student=Y/N)를 포함한다. Balance를 종속 변수로 하는 아래의 모델 적합 결과 중 옳지 않은 것은?

```
> summary(lm(formula=Balance ~ (Income + Student)^2, data=Credit))
Call:
lm(formula=Balance ~ (Income + Student)^2, data=Credit)


Residuals:
      Min        1Q     Median        3Q       Max
  -773.39    -325.70    -41.13     321.65    814.04


Coemcients:
                 Estimate Std.      Error      t value      Pr(>izi)
(Intercept)      200.6232          33.6984       5.953      5.79e-09 ***
Income             6.2182           0.5921      10.502      < 2e-16 ***
StudentYes       476.6758         104.3512       4.568      6.59e-06 ***
Income: StudentYes  -19992          1.7313      -1.155         0.249


- - -
Signif. codes:  0 '***' 0.001 '**' 0.01 '*' 0.05 '.' 0.1 ' ' 1


Residiual standard error: 391.6 on 396 degrees of freedom
Multiple R-squared:      0.2799, Adjusted R-squared:        0.2744
F-statistic:             51.3 on 3 and 396 DF,   p-value: < 2.2e-16
```

① 위의 모델은 Balance를 설명하는데 통계적으로 유의하다.

② Income이 증가할수록 Balance가 증가하는 경향이 있다.

③ Income과 StudentYes의 교호 작용은 유의하지 않다.

④ Income이 증가함에 따라 커지는 Balance의 증가분이 학생 여부에 따라 유의적인 차이가 있다.

정답 ④

해설 결과 가운데 Income: StudentYes의 t검정의 값이 0.249로 *가 없으므로, 유의하지 않은 결과이다.

26. 다음 중 자기 조직화 지도(Self-Organizing Maps, SOM)에 대한 것으로 알맞은 것은?

① SOM 모델은 입력층과 경쟁측으로 구성되어 있다.

② 단 하나의 전방 패스를 사용함으로써 속도가 매우 빠르다.

③ 입력층의 뉴런은 경쟁층에 있는 뉴런들과 부분적으로(locally) 연결되어 있다.

④ 경쟁 학습으로 연결 강도를 반복적으로 재조정하여 학습한다.

정답 ③

해설 SOM에서 입력층의 뉴런은 경쟁층에 있는 뉴런들과 완전히 연결되어 있다.

27. 다음 중 회귀 분석에서 모형의 설명력을 확인하기 위해 사용되는 결정 계수의 특성으로 옳지 않은 것은?

① 결정 계수는 0에서 1의 값을 가진다.

② 높은 값을 가질수록 측정된 회귀식의 설명력이 높다.

③ 종속 변수와 독립 변수 사이의 표본 상관 계수값과 같다.

④ 총 변동에서 추정된 회귀식에 의해 설명되는 변동의 비율로 나타낼 수 있다.

정답 ③

해설 결정 계수는 0~1의 값을 가지며, 1에 가까울수록 설명력이 높다. 그리고 회귀식인 회귀 제곱항/총제곱합으로 산출되는 식을 통해 설명력을 확인할 수 있다.

28. 다음 중 연관 규칙의 측정 지표 중 품목 A, B에 대한 지지도를 구하기 위한 옳은 것은?

① (A와 B가 동시에 포함된 거래 수) / (A를 포함하는 거래 수)

② (A와 B가 동시에 포함된 거래 수) / (A 또는 B가 포함된 거래 수)

③ (A 또는 B가 포함된 거래 수) / (전체 거래 수)

④ (A와 B가 동시에 포함된 거래 수) / (전체 거래 수)

정답 ④

해설 지지도를 구하는 식, 오분류표에서의 실제 계산 문제 모두 객관식과 단답형에 출제되는 자주 나오는 문제이다. 지지도는 P(AnB)로 (A와 B가 동시에 포함된 거래 수) / (전체 거래 수)로 구할 수 있다.

29. 다음 중 목표 변수가 연속항인 회귀 나무에서 분류 기준값의 선택 방법은?

① 카이 제곱 통계량, 지니 지수

② 지니 지수, F-통계량

③ F-통계량, 분산 감소량

④ 분산 감소량, 엔트로피 지수

정답 ③

해설 목표 변수가 연속항인 회귀 나무에서 분류 기준값은 F-통계량과, 분산 감소량으로 선택한다.

30. 다음 중 선형 회귀 모델이 통계적으로 유의미한지 평가하는 통계량으로 옳은 것은?

① Chi-Statistics   ② T-Statistics

③ R-Square   ④ F-Statistics

정답 ④

해설 선형 회귀 모델의 통계적 유의미함은 F통계량(F-Statistics)을 통해 확인한다.

31. 다음 중 예측 모델의 과적합을 방지하기 위해 활용되는 자료 추출 방법으로 옳지 않은 것은?

① 홀드 아웃 방법　　　　　　　② 의사 결정 나무
③ 교차 검증　　　　　　　　　　④ 부트스트랩

정답 ①

해설 과적합을 방지하는 추출 방법으로 홀드 아웃, 교차 검증, 부트스트랩 등이 있다.

32. 다음 중 군집 분석에 대한 설명으로 옳지 않은 것은?

① K-평균 군집은 중심으로부터 거리를 기반으로 군집화하기 때문에 구형으로 뭉쳐져 있는 볼록한 데이터 세트에서는 비교족 작동되나 오목한 형태의 군집 모델은 특성은 구별해 내는 데 성능이 떨어진다.
② K-medoid 군집은 실제 데이터에 있는 값을 중심점으로 하기 때문에 이상값이나 잡음 처리에 매우 우수하나, k-평균법에 비해 계산량이 많다는 단점이 있다.
③ 분할적 군집은 모든 데이터를 단일 군집에 속한다고 정의하고 시작하는 방법으로 상위 군집에서 잘못된 결정을 하면 하위 군집에 파급되는 정도가 크다는 단점이 있다.
④ 밀도 기반 클러스터링 모델은 밀도 있게 연결된 데이터 집합을 동일한 군집으로 판단하는 방법이지만 K-평균법 모델처럼 오목한 형태의 데이터 세트에서는 군집 특성을 잘 찾아내지 못한다.

정답 ③

해설 분할적 군집은 단일 군집에 속한다고 정의하는 것이 아닌, 군집의 개수를 사전에 정의하고 군집을 형성해가는 방식이다.

33. 아래 그래프는 392대의 자동차에 대한 연비(mpg)와 엔진 마력(horsepower)을 포함하고 있다. 다음 중 이에 대한 설명으로 알맞지 않은 것은?

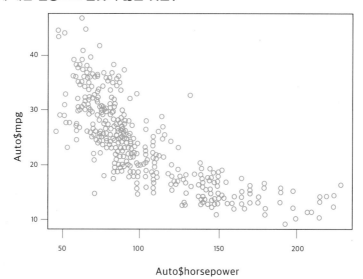

① mpg와 horsepower 간의 피어슨 상관 계수는 두 변수의 관계를 잘 설명하지 못할 수도 있다.

② horsepower가 증가할수록 mpg가 감소하는 경향이 있다.

③ mpg와 horsepower는 음의 상관 관계를 가진다.

④ mpg를 설명하기 위해 horsepower를 설명 변수로 하는 단순 선형 회귀 모델은 적절하다.

정답 ①

해설 주어진 그래프에서 산점도를 분석하면, horsepower가 커질 때, mpg가 줄어드는 것을 확인할 수 있어 음의 상관 관계를 가지는 것으로 설명할 수 있다.

34. 아래는 피자와 햄버거의 거래 관계를 나타낸 표다. Pizza/Hamburgers는 피자/햄버거를 포함하는 거래 수를 의미하고 (Pizza)/(Hamvurgers)는 피자/햄버거를 포함하지 않은 거래 수를 의미한다. 아래 표에서 피자 구매와 햄버거 구매에 대해 설명한 것으로 가장 알맞은 것은?

(가) 목적 정의
(나) 데이터 준비
(다) 데이터 가공
(라) 데이터 마이닝 기법 적용
(마) 검증

① 가–다–나–라–마

② 가–나–다–마–라

③ 가–나–라–다–마

④ 가–나–다–라–마

정답 ④

해설 데이터 마이닝의 추진 단계는 1단원에도 나오는 문제이다. 목적 정의 → 데이터 준비 → 데이터 가공 → 데이터 마이닝 기법 적용 → 검증 순으로 이루어진다.

35. 아래 오분류표를 이용하여 계산된 특이도 계산값으로 옳은 것은?

		예측치		합계
		True	False	
실제값	True	200	300	500
	False	300	100	400
합계		500	500	1000

① 0.20

② 0.25

③ 0.50

④ 0.80

정답 ②

해설 특이도는 TN/(TN+FP)로 구할 수 있다. 따라서, 100/(100+300)=0.25이다.

36. 아래에서 활성화 함수를 설명하는 것으로 옳은 것은?

> 입력층이 직접 출력층에 연결되는 단층 신경망에서 이 활성화 함수를 사용하면 로지스틱 회귀 모델의 작동 원리와 유사해진다.

① 계단 함수
② tanh 함수
③ ReLU 함수
④ 시그모이드 함수

정답 ④

해설 로지스틱 회귀에서 각 범주의 확률을 구하기 위해서 0과 1사이의 실수값을 출력하는 시그모이드 함수를 사용한다.

37. 로지스틱 회귀 모델에 대한 설명으로 옳은 것은?

① 로지스틱 회귀 모델은 오즈의 관점에서 해석할 수 없다.
② 시계열 예측에서 가장 많이 활용되는 모델 중 하나이다.
③ 반응 변수(종속 변수)가 비율 척도일 때, 많이 활용되는 모델 중 하나이다.
④ 일반적으로 반응 변수(종속 변수)가 범주형인 경우에 적용되는 모형이다.

정답 ④

해설 반응 변수가 범주형일 경우 적용하는 모델은 로지스틱 회귀 모델이다.

38. 시계열 데이터의 정상성에 대한 설명으로 옳지 않은 것은?

① 비정상 시계열 자료는 정상성을 만족하도록 데이터를 정상 시계열로 만든 후에 시계열 분석을 수행한다.
② 시계열 자료가 정상성을 만족하는지 판단하기 위해 시계열 자료 그림을 통해 자료의 이상점 등을 살핀다.
③ 정상 시계열은 어떤 일정한 값을 중심으로 일정한 변동 폭을 가진다.
④ 시계열 자료가 추세를 보이는 경우에는 변환을 통해 비정상 시계열을 정상 시계열로 바꿀 수 있다.

정답 ②

해설 정상성을 만족하는지 판단하기 위해서는 이상점이 아니라 평균, 분산, 공분산이 일정한지를 확인한다.

39. 다음 중 연관 분석의 설명으로 옳은 것은?

① 품목 수와 상관없이 분석에 필요한 계산은 일정하다.
② 조건 반응(if-then)으로 표현되는 연관 분석의 결과를 이해하기 쉽다.
③ 세분화된 품목에 대해 연관 규칙을 찾으려 할 때 적절한 방법이다.
④ 상대적으로 거래량이 적은 품목에 대해서 적용하기 좋은 방법이다.

정답 ②

해설 조건 반응이라는 키워드에서 연관 분석임을 알 수 있다.

40. 다음 중 군집의 개수를 미리 정하지 않아도 되어 탐색적 분석에 사용하는 군집 모델로 알맞은 것은?

① k-평균 군집 모델   ② 혼합 분포 군집 모델

③ SOM 모델   ④ 계층적 군집 모델

정답 ④

해설 군집의 개수를 미리 정하지 않아도 되는 모델은 계층적 군집 모델이다.

단답형

5. 최적 방식을 선택하기 위한 방법 중 모든 독립 변수 후보를 포함한 모델에서 시작하여 가장 적은 영향을 주는 변수를 하나씩 제거하면서 더 이상 유의하지 않은 변수가 없을 때까지 설명 변수를 제거하는 방법은?

정답 후진 제거법

해설 제거한다는 키워드에서 후진 제거법임을 알 수 있다.

6. 모델 평가 방법 중 주어진 원천 데이터를 랜덤하게 두 분류로 분리하여 교차 검정을 실시하는 방법으로 하나는 모형의 학습 및 구축을 위한 훈련용 자료로, 다른 하나는 성과 평가를 위한 검증용 자료를 사용하는 방법은?

정답 홀드 아웃

해설 데이터 세트를 두 세트(훈련용,검증용)로 분리하여 교차 검증하는 방법은 홀드 아웃이다.

7. P(A)=0.3, P(B)=0.4이다. 두 사건 A와 B가 독립일 경우 P(B|A)는?

정답 0.4

해설 P(B|A)=P(A∩B)/P(A)=(P(A)*P(B))/P(A)=(0.3*0.4)/0.3=0.4이다.

8. 아래 빈칸에 들어갈 용어는?

> 아래 (　　　)은/는 계층적 군집 분석 방법 중 하나로 군집과 군집, 또는 데이터와의 거리 계산 시, 최단 거리를 계산하여 거리가 가까운 데이터 또는 군집을 새로운 군집으로 형성하는 방법이다. 이 방법은 사슬 구조의 군집이 생길 수 있다.

정답 최단 연결법(완전 연결법)

해설 최단 거리를 계산하여 새로운 군집을 형성하는 방법은 최단 연결법이다.

9. 아래에서 설명하는 빅 데이터 활용 기본 테크닉은?

> (가) 생명의 진화를 모방하여 최적해를 구하는 알고리즘으로 존 홀랜드가 1975년에 개발했다.
>
> (나) 최대 시청률을 얻기 위해 어떤 시간대에 방송해야 하는가와 같은 문제를 해결할 때 사용한다.
>
> (다) 어떤 미지의 함수 $y=f(x)$를 최적화하는 해 X를 찾기 위해, 진화를 모방한 탐색 알고리즘이라고 말할 수 있다.

정답 유전자 알고리즘

해설 생명의 진화, 최적의 해 탐색 등의 키워드에서 유전자 알고리즘임을 알 수 있다.

10. 이산형 확률 분포 중 주어진 시간 또는 영역에서 어떤 사건의 발생 횟수를 나타내는 확률 분포는?

정답 포아송 분포

해설 포아송 분포와 관련된 문제이다.

1과목 데이터 이해

1. **데이터베이스의 특징에 관한 설명으로 옳지 않은 것은?**

① 데이터베이스 내의 모든 데이터는 열과 행의 2차원의 테이블 형태로 표현된다.

② 데이터베이스는 한 조직의 고유한 기능 수행에 필요한 운영 데이터이다.

③ 데이터베이스는 컴퓨터가 접근 가능한 저장 매체에 데이터를 저장한다.

④ 데이터베이스는 다수가 공동으로 이용하는 공용 데이터이다.

정답 ①

해설 자주 나오는 문제이다. 데이터베이스는 통합 데이터, 저장 데이터, 운영 데이터, 공용 데이터의 특징을 가지며, 데이터의 저장 형태는 2차원 테이블 형태와 key, value 형태가 있다.

2. **데이터 웨어하우스에 대한 설명으로 알맞지 않은 것은?**

① 데이터 웨어하우스는 전사적 차원보다는 특정 조직의 업무 분야에 초점을 맞춘 데이터 저장소이다.

② 데이터 웨어하우스는 기존 운영 시스템의 데이터를 추출하여 사용자의 요구에 맞게 표준화 및 통합화한 것이다.

③ 데이터 웨어하우스는 데이터 적재 후 갱신/삭제 없이 검색/조회만을 수행하여 올바르게 기록되고 나면 변경되지 않아 분석의 일관성을 제공한다.

④ 데이터 웨어하우스는 최신의 데이터를 보유하고 있으며, 시간순으로 데이터가 어떻게 변화되었는지에 대한 이력 데이터를 보유하고 있다.

정답 ①

해설 ①번 보기는 특정 업무의 초점을 두는 것은 데이터 웨어하우스의 작은 개념인 데이터 마트에 대한 설명이다.

3. **개인 정보 비식별화 기법을 설명한 것으로 알맞지 않은 것은?**

① 가명 처리는 개인 식별이 가능한 데이터를 직접적으로 식별 불가능한 값으로 대체하는 것이다.

② 데이터 마스킹은 개인 정보 식별이 가능한 특정 데이터값을 삭제하는 것이다.

③ 총계 처리는 개인 정보에 대해 통계값을 적용함으로써 특정 개인을 판단할 수 없도록 한다.

④ 데이터 범주화는 단일 식별 정보를 해당 그룹의 대푯값으로 변환하거나 구간값으로 변환하여 고유 정보의 추적 및 식별을 방지한다.

정답 ②

해설 데이터 마스킹은 개인 정보를 식별이 불가능한 데이터로 대체하는 것이다.

4. 빅 데이터 가치 창출 측면에서 기업, 정부, 개인에게 미친 영향으로 옳은 것은?

① 정부는 빅 데이터를 활용하여 시장 변동을 예측해 비즈니스 모델을 혁신하고 신사업을 발굴할 수 있다.

② 기업은 수집된 데이터를 바탕으로 사회관계망 분석이나 시스템 다이나믹스 등의 분석 방식으로 미래 의제를 도출할 수 있다.

③ 통신사 고객의 위치 정보 활용, 버스 정류장 이용량 분석으로 노선을 만든 심야 올빼미 버스는 기업의 대표적인 빅 데이터 가치 창출의 사례이다.

④ 개인은 흩어진 자산을 한눈에 조회하는 등 개인 맞춤형 서비스를 받거나 적시에 필요한 정보를 얻음으로써 기회비용을 절약할 수 있다.

정답 ④

해설 ①번 보기는 기업 관점, ②번 보기는 정부 관점, ③번 보기는 정부 관점에 관한 설명이다.

5. 지식 변환 프로세스에서 개인의 내재된 경험을 객관적인 데이터로 변환하여 문서나 매체에 저장 가공 분석하는 단계로 알맞은 것은?

① 공통화　　　　　　　　　② 표출화
③ 연결화　　　　　　　　　④ 내면화

정답 ②

해설 자주 나오는 문제이다. 내재된 경험을 외부로 표현할 수 있는 단계는 표출화 단계이다.

6. 빅 데이터의 위기 요인 중 사생활 침해에 대한 통제 방안으로 알맞은 것은?

① 사생활 침해의 문제는 데이터 익명화 기술을 도입함으로써 근본적인 문제점을 차단할 수 있다.

② 사생활 침해 피해자들을 구제할 수 있는 알고리즈미스트의 역할이 증대되고 있다.

③ 범죄자들의 성향을 사전에 파악하는 예측 알고리즘을 활용하여 사생활 침해를 감소시킬 수 있다.

④ 개인 정보 제공자의 동의를 통해 사생활 침해의 문제를 해결하기보다는 개인 정보 사용자의 책임제를 도입함으로써 해결 가능하다.

정답 ④

해설 ①번 보기 사생활 침해 문제는 개인 정보 책임제로 해결할 수 있으며, ④번 보기의 범죄 예측 알고리즘과 사생활 침해는 관련이 없다.

7. 데이터에 대한 설명으로 옳지 않은 것은?

① 데이터는 축적된 지식과 아이디어가 결합된 창의적 산물이다.

② 데이터는 사물이나 사건에 대한 묘사이며, 가공되지 않은 상태의 사실이다.

③ 데이터가 특정한 목적을 위해 처리되면 그 목적에 유용한 정보가 된다.

④ 데이터는 존재 형식을 불문하고 타 데이터와 상관 관계가 없는 순수한 수치나 기호이다

정답 ①

해설 DIKW에 대한 문제는 자주 나오는 문제이며, 2번 보기는 지혜에 관한 설명이다

8. 데이터 사이언스에 대한 설명으로 옳지 않은 것은?

① 데이터 사이언스를 통해 데이터로부터 의미 있는 정보의 추출이 가능하다.

② 데이터 사이언스는 정형 데이터를 대상으로 총체적 접근법을 사용한다.

③ 데이터 사이언스로 비즈니스의 핵심 이슈를 해결하여 사업의 성과 견인 역할이 가능하다.

④ 데이터 사이언스는 단순히 데이터 분석만이 아닌 데이터의 효과적 구현화 전달 과정을 모두 포함하는 개념이다.

[정답] ①

[해설] 데이터 사이언스는 데이터로부터 지식과 인사이트를 추출하는 분야이다.

단답형

1. 다음에서 설명하고 있는 용어는 무엇인가?

> 인간의 개입을 최소화하여 인터넷을 기반으로 모든 사물을 연결하여 상호 소통하는 지능형 기술은? (그 사례로는 하기스의 Tweet pee, 구글의 Google glass, 나이키의 Fuel band, 삼성의 갤럭시 워치가 있다.

[정답] 사물 인터넷

[해설] 사물 인터넷(IoT)과 관련된 설명이다.

2. 아래에서 설명하는 (가)에 들어갈 용어는?

> (가)는 거래 정보를 하나의 덩어리로 보고 이를 차례로 연결한 거래 장부다. 기존 금융 회사의 경우 중앙 집중형 서버에 거래 기록을 보관하는 반면, (가)는 거래에 참여하는 모든 사용자에게 거래 내역을 보내 주며 거래 때마다 이를 대조해 데이터 위조를 막는 방식을 사용한다.

[정답] 블록체인

[해설] 차례로 연결한 거래 장부, 모든 사용자에게 거래 내역 제공 등에서 블록체인 기술임을 알 수 있다.

2과목 데이터 분석 기획

9. 분석 수준 진단 프레임워크에서 분석 성숙도 평가에 관한 설명으로 옳지 않은 것은?

① 조직이 보유한 현재의 데이터 분석 수준을 비즈니스 부문, 조직/역량 부문, IT 부문 등 3개 부문에서 대상을 판단한다.

② 분석을 진화시켜 조직의 혁신과 성과 향상에 기여하는 단계는 최적화 단계이다.

③ 분석 성숙도는 도입, 활용, 확산, 최적화 단계로 현재 수준을 파악할 수 있다.

④ 조직에서 사실에 근거한 의사 결정과 회의 등에서 데이터를 활용하는지를 분석 문화 형성 영역으로 진단한다.

정답 ④

해설 조직에서 사실에 근거한 의사 결정과 회의 등에서 데이터를 활용하는지를 분석 문화 형성 영역으로 진단하는 것은 분석 준비도 평가 영역이다.

10. 다음 중 ROI 요소를 고려한 분석 과제의 우선순위 평가로 옳지 않은 것은?

① 난이도는 해당 기업의 현 상황에 따라 조율할 수 없다.

② 데이터를 생성, 저장, 가공, 분석하는 비용과 현재 기업의 분석 수준을 고려한 난이도 역시 적용 우선순위를 선정하는데 있어 중요한 기준이 될 수 있다.

③ 전략적 중요도에 따른 시급성이 가장 중요한 기준이다.

④ 난이도는 현 시점에서 과제를 추진하는 것이 비용 측면과 범위 측면에서 적용하기 쉬운 것인지 또는 어려운 것인지에 대한 판단 기준이다.

정답 ①

해설 난이도는 해당 기업의 현 상황에 따라 조율할 수 있다.

11. 분석 주제 유형 중 분석의 대상은 알고 있지만 분석 방법을 모르는 경우의 주제 유형의 방식으로 알맞은 것은?

① 최적화   ② 솔루션
③ 발견   ④ 통찰

정답 ④

해설 자주 나오는 문제이다. 분석의 대상은 알고 분석 방법을 모르는 경우에는 솔루션 방식으로 진행한다.

12. 분석 마스터플랜의 세부 이행 계획 수립 과정과 관련된 내용으로 옳은 것은?

① 데이터 분석 체계의 반복적 모델은 모든 단계를 반복하여 수행한다.

② 분석 프로젝트의 세부적인 일정 계획도 데이터 분석 체계를 고려하여 작성한다.

③ 폭포수 방식은 '분석 모델 설계 → 분석 모델 적용 → 분석 모델 평가'가 병렬적으로 진행된다.

④ 반복적 분석 모델은 정해진 목표가 확인될 때까지 몇 회 반복하면서 완성되기 때문에 초기에 일정을 변경 없이 명확히 해야 한다.

정답 ②

해설 분석 프로젝트의 일정 계획은 데이터 분석 체계를 고려하여 작성된다.

13. 분석 마스터플랜 수립에서 분석 로드맵 설정과 관련된 내용으로 옳지 않은 것은?

① 업무 내재화 적용 수준, 분석 데이터 적용 수준, 기술 적용 수준은 단계적 분석 로드맵 수립을 위해 고려하는 사항이다.

② 분석 로드맵은 데이터 분석 체계 도입 → 데이터 분석 유효성 입증 단계 → 데이터 분석 확산과 고도화 단계로 구성된다.

③ 분석 과제에 대한 파일럿을 수행하여 비즈니스적인 유효성과 타당성을 검증하는 것은 데이터 유효성 입증 단계이다.

④ 빅 데이터의 크기, 다양성, 속도의 투자 비용 요소로 시급성을 산출한다.

정답 ④

해설 빅 데이터의 크기, 다양성, 속도의 투자 비용 요소로 난이도를 산출한다.

14. 데이터 분석에서 정확도와 정밀도에 대한 설명으로 옳지 않은 것은?

① 모델의 활용 측면에서는 정밀도가, 모델의 안정성 측면에서는 정확도가 중요하다.

② 정확도는 모델과 실제값 차이이고, 정밀도는 모델을 지속적으로 반복했을 때 편차의 수준이다.

③ 정확도는 True 또는 False로 예측한 전체 값에서 옳은 예측을 한 비율이고, 정밀도는 True로 예측한 것 중 실제 True인 비율이다.

④ 정확도와 정밀도는 트레이드 오프(Trade-off) 관계가 되는 경우가 많다.

정답 ①

해설 자주 나오는 문제이다. 활용 측면에서는 정확도가, 안정적인 측면에서는 정밀도가 중요하다.

15. 분석 과제 정의서에 대한 설명으로 옳지 않은 것은?

① 분석 과제 정의서는 정해진 포맷에 따라 작성되어야 한다.

② 분석 과제 정의서는 향후 프로젝트 수행 계획의 출력물로 사용된다.

③ 분석 주제별로 소스 데이터, 분석 방법, 데이터 입수 난이도 등의 항목을 포함한 문서이다.

④ 이해관계자가 프로젝트의 방향을 설정하는 문서로 성공 여부를 판별하는 데에는 활용될 수 없다.

정답 ④

해설 분석 과제 정의서는 향후 프로젝트의 입력으로 사용된다.

16. 다음 중 CRISP-DM의 모델링 단계에 대한 설명으로 옳지 않은 것은?

① 모델 작성

② 모델링 테스트 계획 설계

③ 모델링 기법 선택

④ 모델링 과정 평가

정답 ④

해설 모델링 과정을 평가하는 것은 평가 단계이다. 모델링 과정은 최적화 단계로 학습 데이터 세트를 통해 모델링을 수행하며, 실험 데이터 세트로 평가한다. 모델링 단계에서 수행하는 업무로는 모델링 기법 선택, 모델 테스트 계획 설계, 모델 작성, 모델 평가가 있다.

단답형

3. 데이터 분석 마스터플랜 수립 시 우선순위를 투자 비용 요소 관점에서 해석하면 3V(Volume, Variety, Velocity)로 구분한다. 3V에서 비즈니스 효과 관점에서 해석하면 분석 결과의 활용 및 비즈니스 가치 도출을 구분하는 것은?

정답 Value(가치)

해설 자주 나오는 문제로 비즈니스 효과의 1V인 가치에 대한 것을 묻고 있다.

4. 아래에서 설명하는 시계열 모델은?

> - 자기 자신의 과거를 사용하여 시계열 데이터를 예측하기 위한 기법이다.
> - 자기 자신을 종속 변수로 하고 이전 시점의 데이터를 독립 변수로 구성하는 모델을 의미한다.
> - 이전의 자기 상태에 가중치를 곱하고 상수를 더한 것에 백색 잡음 값을 + 한다.

정답 자기 회귀 모델(Autoregression, AR)

해설 객관식에도 나오는 자주 나오는 문제로 자신의 과거를 사용하는 것은 자기 회귀 모델(Autoregression, AR)이다.

3과목 데이터 분석

17. 인공 신경망 활성화 함수인 시그모이드 함수의 출력값 범위로 옳은 것은?

① -1~0

② -1~1

③ 0~1

④ 0.5~1

정답 ③

해설 시그모이드 함수의 출력값 범위(0~1)를 묻는 문제는 자주 나오는 문제이다.

18. R의 데이터 구조 중 숫자형 벡터, 문자형 벡터, 논리형 벡터를 합치면 어떤 데이터 구조가 되는가?

① 문자형 벡터

② 숫자형 벡터

③ 논리형 벡터

④ 정수형 벡터

정답 ①

해설 숫자형, 문자형, 논리형 벡터들을 합치면 문자형 벡터가 된다.

19. 확률 표본 추출 방법으로 옳지 않은 것은?

① 집단 추출

② 계통 표본 추출

③ 층화 확률 표본 추출

④ 다단계 표본 추출

정답 ①

해설 집단 추출은 특정 집단에 맞추는 비확률 표본 추출이다.

20. 소득 순위처럼 정규 분포가 아닌 오른쪽으로 긴 꼬리를 갖는 분포에서 평균과 중앙값의 관계로 알맞은 것은?

① 평균이 중앙값보다 크다.

② 평균이 중앙값보다 작다.

③ 평균은 중앙값과 같다.

④ 평균이 중앙값보다 크고 최빈값보다 작다.

정답 ①

해설 오른쪽으로 긴 꼬리는 평균이 중앙값보다 크다는 결과를 나타낸다.

21. 인공 신경망에서 각 출력 노드의 출력값을 0에서 1사이로 제한하고 출력값의 합이 1이 되는 활성화 함수는?

① 시그모이드 함수 　　② 계단 함수

③ 소프트맥스 함수 　　④ 부호 함수

정답 ③

해설 0~1사이의 범위는 시그모이드와 같으나, 출력값의 합이 1이 되는 것에서 소프트맥스 함수임을 알 수 있다.

22. 비모수 검정 방법 중 전/후 관측값의 중앙값 차이가 있는지를 검정하는 방법으로 알맞은 것은?

① 부호 검증

② 카이 제곱 검정

③ 맥니마르 검정

④ 윌콕슨 부호 순위 검정

정답 ①

해설 부호 검증에 관한 문제이다.

23. 앙상블 기법의 특징에 대한 설명으로 옳지 않은 것은?

① 앙상블 기법은 여러 모델의 예측 결과들을 종합하여 정확도를 높이는 기법이다.

② 대표적인 앙상블 기법에는 배깅, 부스팅, 랜덤 포레스트, 스태킹이 있다.

③ 앙상블 기법은 각 모형의 상호 연관성이 높을수록 정확도가 향상된다.

④ 앙상블 기법은 각 모델의 결과에 대한 투표를 통해 데이터를 분류하거나 값을 예측(회귀)하게 된다.

정답 ③

해설 중복 문제이다. 앙상블 기법은 각 모형의 상호 연관성이 낮을수록 정확도가 향상된다.

24. 다음 중 분류 모델의 평가를 위해 사용되는 지표로 옳지 않은 것은?
① 엔트로피 지수
② 혼동 행렬
③ ROC Curve
④ 향상도 곡선

정답 ①

해설 자주 나오는 문제이다. 분류 모델을 평가하기 위해 사용하는 지표로는 혼동 행렬, ROC Curve, 향상도 곡선(이익 도표)이 있다.

25. 다차원 척도법에 대한 설명으로 알맞지 않은 것은?
① 데이터 간의 거리를 바탕으로 관계 구조를 시각적으로 표현하는 통계 데이터 분석 기법이다.
② 개체들의 비유사성(거리)을 이용하는 점에서 군집 분석과 동일하다.
③ 여러 변수들의 데이터를 서로 상관성이 높은 변수들의 선형 결합으로 만들어 변수들을 요약, 축소하는 기법이다.
④ 다차원 척도법은 근접도의 계산 방식에 따라 계량적 다차원 척도법과 비계량적 다차원 척도법으로 구분된다.

정답 ③

해설 중복 문제이다. 상관성이 높은 변수들을 요약, 축소하는 기법은 주성분 분석(PCA)에 관한 기법이다. 나머지는 유사성과, 비유사성을 분석하는 방법들에 관한 보기이다.

26. 자료의 척도에 대한 설명으로 알맞지 않은 것은?
① 비율 척도-모든 사칙 연산이 가능하고 혈액형, 학력 등이 이에 해당한다.
② 명목 척도-단순한 단순히 측정 대상을 분류하기 위해 이름 대신 임의적으로 숫자를 부여한다.
③ 서열 척도-대소 또는 높고 낮음 등의 순위만 제공할 뿐 양적인 비교는 할 수 없다.
④ 등간 척도-순위를 부여하며 순위 사이의 간격이 동일하여 양적인 비교가 가능하다.

정답 ①

해설 1단원에도 나오는 자주 나오는 문제이다. 비율 척도는 키, 몸무게가 해당한다. 혈액형, 학력 등을 포함하는 척도는 명목 척도이다.

27. 군집 분석에 대한 설명으로 적절하지 않은 것은?
① 군집 분석 결과에 대한 타당성과 안정성에 대한 검정으로 교차 타당성을 이용할 수 있다.
② 군집 분석은 비지도 학습이다.

③ 군집 분석은 군집 간의 이질성과 군집 내의 동질성이 모두 낮아지는 방향으로 군집을 만든다.

④ 계층적 군집 분석은 덴드로그램을 활용하여 시각화할 수 있다.

정답 ③

해설 중복 문제이다. 군집 분석은 군집 간의 이질성이 커지는 방향으로 군집을 만든다.

28. 다음 중 군집 분석의 평가를 위해 사용되는 지표로 옳은 것은?

① 덴드로그램

② 평균 오차

③ 평균 절대 오차

④ 평균 제곱 오차

정답 ④

해설 자주 나오는 문제이다. 군집 분석의 평가를 위해 사용되는 지표로는 실루엣 계수, 덴드로그램, 단순 계산법, 팔꿈치 기법이 있다. 실루엣 계수는 단답형으로도 자주 나오는 문제이니 개념을 함께 알아 두자.

29. 아래는 근로자의 임금 등에 대한 데이터에 대한 분석 결과이다. 다음 중 유의 수준 0.05에서 이에 대한 설명으로 옳지 않은 것은?(wage:임금, age:나이, jobclass:직업군)

```
> subset Wage (- Wage[, c("wage", "age", "jobclass")]
> summary(subset_Wage)
wage        age        jobclass
Min.   : 20.09   Min.   : 18.00   1. Industrial :1544
1st Qu. : 85.38  1st Qu. : 33.75  2. Information: 1456
Median :104.92   Median : 42.00
Mean   :111.70   Mean   : 42.41
3rd Qu. :128.68  3rd Qu. : 51.00
Max.   :318.34   Max.   : 80.00

Cal :
Lm(formula-wage age + jobclass +age jobclass, data=Wage)
Residuals:
          Min        10     Median        30        Max
     -105.656   -24.568    -6.104     16.433    196.810
Coefficients:
```

	Estimate	Std. Error	t value	Pr (>|t|)	
(Intercept)	73.52831	3.76133	19.548	<2e-16	***
age	0.71966	0.08744	8.230	2.75e-16	***
jobclass2. Information	22.73086	5.63141	4.036	5.56e-05	***
age:jobclass2. Information	-0.16017	0.12785	-1.253	0.21	

```
---
Signif. codes: 0 ** 0.001 0.01 0.05 0.1 1

Residual standard error: 40.16 on 2996 degrees of freedom
Multiple R-squared: 0.07483, Adjusted R-squared: 0.07391
F-statistic: 80.78 on 3 and 2996 DF, p-value: < 2.2e-16
```

① 직업군이 동일할 때, 나이가 많을수록 임금이 올라가는 경향이 있다.

② 위의 회귀식은 유의 수준 0.05에서 임금의 변동성을 설명하는데 유의하지 않다.

③ 나이에 따라 두 직군 간의 임금과 평균 차이가 유의하게 변하지 않는다.

④ 위 나이가 동일할 때, Information 직군이 Industrial 직군에 비해 평균적으로 임금이 높다.

정답 ②

해설 결과 아래에 F-통계량 80.78과 p-value<2.2-16으로 매우 작기 때문에 유의 수준 0.05이하에서 모델이 통계적으로 유의하다.

30. 데이터 가공에 대한 설명으로 옳지 않은 것은?

① 변수 중요도는 모델을 생성하여 사용된 변수의 중요도를 살피는 과정이다.

② 신용 평가 모델의 개발에서 연속형 변수를 범주형 변수로 구간화하는 binning이 자주 활용된다.

③ 변수의 구간화로 연속형 변수를 분석 목적에 맞게 활용할 수 있다.

④ 변수의 구간화 개수가 작으면 정확도가 높아지나 데이터 분석 속도는 느려진다.

정답 ④

해설 변수의 구간화 개수가 많을 때 정확도가 높아지나 데이터 분석 속도가 느려지는 것이다.

31. 웹 데이터의 수집을 위해 웹 페이지의 구조를 분석하여 데이터를 자동으로 수집하는 방법은?

① 실시간 처리   ② 웹 크롤링

③ 배치 처리   ④ ETL

정답 ②

해설 웹 페이지에서 데이터를 자동으로 수집하기 위한 방법은 웹 크롤링이다.

32. 다음 중 상자 그림에 대한 설명으로 옳지 않은 것은?

① 사분위수를 한눈에 볼 수 있다.

② Q2(중위수) + 1.5*IQR보다 크거나 Q2(중위수) − 1.5*IQR보다 작은 데이터를 이상값으로 판단한다.

③ 자료의 범위를 개량적으로 알 수 있다.

④ 자료의 크기 순서를 나타내는 5가지 통계량(최소값, 최대값, 1사분위수, 중앙값, 3사분위값)을 이용하여 시각화하는 방법이다.

정답 ②

해설 중복 문제이다. 이상값을 판단하기 위한 식은 Q2(중위수)가 아니라 Q3-Q1으로 계산한다. 따라서, 최소값은 Q1-1.5*IQR, 최대값은 Q3+1.5*IQR로 계산할 수 있다.

33. 데이터 전처리에 대한 설명으로 옳은 것은?

① 데이터 결측값은 데이터값이 존재하지 않고 비어 있는 상태를 의미한다.

② 결측값은 데이터의 분포와 빈도수를 확인하여 삭제 또는 평균치, 중앙값 등으로 대치해야 한다.

③ 데이터 이상값으로 분석 결과가 예상값이 아닌 특정한 쪽으로 치우치거나 왜곡될 수 있다.

④ 모든 데이터의 이상값은 시간이 오래 걸리더라도 모두 찾아내어 제거해야 한다.

정답 ④

해설 전체 데이터에서 이상값의 영향 여부를 확인 후 어떻게 대치 또는 삭제할지 결정해야 하며, 무조건 삭제를 하는 것은 아니다.

34. 다음의 수식이 나타내는 거리 기반 척도는?

$$d(x,y)=\sum_{j=1}^{m}|x_j-y_j|$$

① 표준화 거리
② 맨해튼 거리
③ 유클리드 거리
④ 민코프스키 거리

정답 ②

해설 맨해튼 거리의 공식이다. 맨해튼 거리와 유클리드 거리는 실제 계산하는 문제도 나오므로 각각의 식을 정확하게 알아 두자.

35. 데이터 마이닝을 위한 데이터 분할에 관한 설명으로 알맞지 않은 것은?

① 분석 모델을 구축하기 위해서는 데이터를 학습 데이터, 검증 데이터, 테스트 데이터로 분할하여 사용할 수 있다.
② 학습 데이터와 테스트 데이터는 전체 데이터에 대해 대표성을 가져야 한다.
③ 검정용으로 사용한 데이터는 모델을 훈련시킬 때 사용하지 않는다.
④ 각 학습 데이터, 검증 데이터, 테스트 데이터는 중복이 없도록 구성해야 한다.

정답 ③

해설 학습/검정용 데이터를 모델 훈련에 사용하는 것이다.

36. 의사 결정 나무의 특징으로 알맞지 않은 것은?

① 단지 순위만 분석에 영향을 주므로 이상값에 대해서는 민감하다.
② 두 개 이상의 변수가 결합하여 종속 변수에 어떠한 영향을 주는지를 알기 쉽다.
③ 의사 결정 나무는 주어진 입력값에 대하여 출력값을 예측하는 모델로 분류 나무 모델과 회귀 나무 모델이 있다.
④ 종속 변수가 범주형인 분류 나무는 가지 분할을 수행할 때 분류 기준값은 카이 제곱 통계량, 지니 지수, 엔트로피 지수 등이 사용된다.

정답 ②

해설 의사 결정 나무는 단지 순위만 분석에 영향을 주므로 이상값에 대해서 민감하지 않다.

37. 시계열 데이터의 정상성에 대한 설명으로 옳지 않은 것은?

① 표본의 크기가 작거나 순서형 자료를 포함하는 범주형 자료에 적용이 가능하다.

② p개의 변수들을 중요한 m(p)개의 주성분으로 표현하여 전체 변동을 설명하는 것으로 m개의 주성분은 원래 변수와는 관계없이 생성된 변수들이다.

③ 다변량 자료를 저차원의 그래프로 표시하여 이상값(Outlier) 탐색에 사용한다.

④ 변수들끼리 상관성이 있는 경우, 해석상의 복잡한 구조적 문제가 발생하는데 이를 해결하기 위해 사용한다.

정답 ④

해설 중복 문제이다. 상관성이 높은 것끼리 요약, 축소하여 문제를 해결하는 기법은 주성분 분석(PCA)에 관한 설명이다.

38. 다음 중 군집 분석에 해당하지 않는 것은?

① k-Means ② K-medoids

③ DBSCAN ④ 실루엣계수

정답 ④

해설 실루엣 계수는 군집의 성능을 평가하는 알고리즘으로 자주 나오는 문제이다.

39. 다음 중 로지스틱 회귀 분석 결과에 대한 설명으로 옳지 않은 것은?

```
#default(채무불이행 여부, yes/no)
#studentsYes (ot
#balance(채무잔액)
#income(연수입)
> model(- gim(default ~ ., data=Default, family=binomial)
> Summary (mode 1)
Call:
gim(default ~ ., family=binomial, data=Default)

Deviance Residuals:
      Min        1Q      Median        3Q         Max
   -2.4691   -0.141.B     0.0557    -0.0203      3.7383

Coemcients:
                    Estimate        Std Error       Z value         Pr(>izi)
(Intercept)        -1.087e+01       4.923e-01       -22.080        < 2e-16 ***
studentYes-6 .     -6.468e-01       2.363e-01       -2.738         0.00619  **
balance             5.737e-03       2.319e-04       24.738        < 2e-16 ***
income              3.033e-06       8.203e-06       0.370          0.71152
- - -
Signif. codes:  0 '***' 0.001 '**' 0.01 '*' 0.05 '.' 0.1 ' ' 1

(Dispersion parameter for binomial family taken to be 1)

Null deviance:   2920.6 on 9999 degrees of freedom
Residual deviance:   2920.6 on 9999 degrees of freedom
AIC: 1579.5

Number of Fisher Scoring iterations: 8
```

① studentYes일 때 채무 불이행(default) 될 확률이 적다.

② 로지스틱 회귀 분석은 지도 학습에 해당된다.

③ income은 default에 통계적으로 유의미한 영향을 주는 변수이다.

④ balance는 default (연체 여부)에 통계적으로 유의미한 영향을 주는 변수이다.

정답 ③

해설 결과 중간에 income의 pr은 0.71152로 0.05(유의 수준)보다 크고 *가 없기 때문에 유의한 변수가 아니다.

40. 다음 중 연관 분석의 설명으로 옳지 않은 것은?

① 목적 변수가 없어 분석 방향이나 목적이 없어도 적용 가능하다.

② 조건 반응(if-then)으로 표현되어 결과를 이해하기 쉽다.

③ 분석을 위한 계산이 복잡하다는 단점이 있다.

④ 분석을 위한 계산은 상대적으로 간단하다.

정답 ③

해설 연관 분석은 지지도, 신뢰도 등 지표를 이용하여 계산하기에 과정이 간단하다. 연관 분석의 옳은 것을 묻는 문제로 나머지 보기가 똑같이 나오니 함께 알아 두자.

단답형

5. 아래의 오분류표를 이용하여 F1-Score 값을 구하시오?

		예측치		합계
		True	False	
실제값	True	30	70	100
	False	60	40	100
합계		90	110	200

정답 0.315

해설 F1스코어를 구하기 위해서는 정밀도와 재현율을 구해야 한다.

정밀도=TP/(TP+FP)=30/(30+70)=3/10, 재현율=TP/(TP+FN)=30/(30+60)=1/3로 구할 수 있다.

6. 앙상블 분석의 유형으로 배깅처럼 데이터를 복원 추출할 뿐만 아니라, 거기에 더해 변수 또한 랜덤하게 추출하여 다양한 모델을 만드는 방법은?

정답 랜덤 포레스트

해설 랜덤이라는 키워드에서 랜덤 포레스트임을 알 수 있다.

7. 아래의 의사 결정 나무에서 다음의 조건을 만족하는 D의 값을 구하시오.

데이터 집합 : $x_1 = \{6,7,8\}$, $x_2 = \{2,3,4,5\}$

의사결정나무

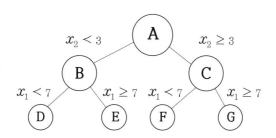

정답 x1=6, x2=2

해설 위 의사 결정 나무를 보고 아래 표를 만들 수 있다. 아래 표를 통해 D는 x1=6, x2=2가 된다.

x2={2, 3, 4, 5}	x1={6, 7, 8}
2 → B(x2가 3보다 작음)	6 → D(x1이 6인 경우)
3 → C(x2가 3)	7 → G
4 → C(x2가 4)	8 → G
5 → C(x2가 5)	→ G

8. 이산 확률 변수 X가 가능한 값으로는 1, 2, 4가 있다. P(X=1)=0.3, P(X=4)=0.5이고 기댓값이 2.7일 때 P(X=2)는?

정답 0.2

해설 기댓값은 각 X값과 확률들을 곱해서 구할 수 있다.

기댓값 2.7=(1*0.3)+(2*P(X2))+(4*0.5)식으로 나타내며, X2=0.2가 된다.

9. 추출된 데이터에서 잡음, 이상값, 결측값을 식별하고 필요 시 제거하거나 의미 있는 데이터로 재처리하는 단계를 데이터 전처리라고 한다. 데이터 전처리 과정에서 데이터의 특성을 파악하고 모델링에 필요한 데이터를 편성하는 단계는?

정답 탐색적 분석(EDA)

해설 데이터 전처리 과정에서 데이터의 특성을 파악하고 모델링에 필요한 데이터를 편성하는 것은 탐색적 분석(EDA) 단계에 대한 것이다.

10. 어느 시험에서 우등반에 들어가기 위해서는 상위 2% 안에 들어야 한다. 해당 시험 점수의 평균이 85점이고 표준 편차가 5일 때, 우등반에 들어가기 위한 최소 시험점수는?(단, P(Z<=2.05)=0.98)

정답 95.25

해설 상위 2%와 오른쪽에서부터의 지점은 2.05이다. 2.05=(x−평균)/표준 편차와 같은 식으로 나타낼 수 있다. 이는 x−85=2.05*5, x=85+10.25=95.25로 계산할 수 있다.

---

1. 다음 중 데이터에 대한 설명으로 옳지 않은 것은?

① 인터넷 댓글은 그 형태와 형식이 정해져 있지 않아 비정형 데이터라고 한다.

② 비정형 데이터는 데이터 내부에 메타 데이터를 가지고 있으며 일반적으로 파일 형태로 저장된다.

③ 정형 데이터는 관계형 데이터베이스 시스템의 테이블과 같이 고정된 컬럼에 저장되는 데이터와 파일을 가진다.

④ 정형 데이터는 비정형 데이터와 비교할 때 가장 큰 차이점으로 데이터의 스키마를 지원한다.

정답 ②

해설 ②번 보기의 데이터 내부에 메타 데이터를 가지고 있는 것은 비정형 데이터이며, 비정형 데이터는 구조가 없고 처리가 어려운 이미지, 영상 등의 데이터를 의미한다.

2. 데이터베이스의 특징에 관한 설명으로 알맞지 않은 것은?

① 데이터베이스는 다수가 공동으로 이용하는 공용 데이터이다.

② 데이터베이스는 컴퓨터가 접근 가능한 저장 매체에 데이터를 저장한다.

③ 데이터베이스는 한 조직의 고유한 기능 수행에 필요한 운영 데이터이다.

④ 보호 등급을 추가하여 데이터 스트림의 위아래로 TCP 체크섬이 있게 한다.

정답 ④

해설 데이터베이스의 일반적인 특징으로 통합 데이터, 저장 데이터, 운영 데이터, 공용 데이터의 4가지가 있다. ①번 보기는 통합 데이터에 관한 설명이고, ②는 저장 데이터, ③은 운영 데이터에 대한 설명이다. ④번 보기는 4가지 특징 어디에도 해당하지 않는다.

3. 기업 전 부분의 시스템을 통합하여 자원을 최적으로 관리하는 경영 정보 시스템은?

① SCM   ② ITS   ③ ERP   ④ CRM

정답 ③

해설 ERP는 기업 전 부분의 시스템을 통합하여 자원을 최적으로 관리하는 경영 정보 시스템이다.

4. DIKW 피라미드 계층 구조의 요소와 사례를 연결한 것으로 옳은 것은?

> (가) A 카페의 라떼는 3,500원이고, B 카페의 라떼는 2,500원이다.
> (나) 다른 커피도 A 카페보다 B 카페의 가격이 저렴할 것이라 판단한다.
> (다) 오늘 기준 라떼의 가격은 A 카페가 B 카페보다 비싸다.
> (라) B카페에서 라떼를 산다.

① (가) 지혜 – (나) 데이터 – (다) 지식 – (라) 정보
② (가) 정보 – (나) 데이터 – (다) 지식 – (라) 지혜
③ (가) 지식 – (나) 데이터 – (다) 정보 – (라) 지식
④ (가) 데이터 – (나) 지혜 – (다) 정보 – (라) 지식

정답 ④

해설 (가) 지문은 단순한 사실을 나타내는 것으로 데이터이다. (나) 지문은 데이터에서 뽑아낸 정보를 바탕으로 분석한 것으로 지혜이다. (다)는 데이터를 바탕으로 비싸다는 사실을 발견, 가공한 것으로 정보이다. (라)는 (나) 지혜를 통해 유익한 판단을 하고 적용하는 것으로 지식이다.

5. 기업의 전략 도출을 위한 가치 기반 분석에서 고려할 사항이 아닌 것은?

① 고객 니즈의 변화
② 경제 사회 트렌드
③ 인구 통계학적 변화
④ 비즈니스 성과

정답 ④

해설 기업의 전략 도출을 위해 고려해야 할 사항은 고객 니즈의 변화, 경제 사회 트렌드, 인구 통계학적 변화가 있다.

6. 데이터 사이언티스트의 특징으로 옳지 않은 것은?

① 알고리즘에 의해 부당하게 피해 입은 사람을 구제한다.
② 데이터의 다각적 분석을 통해 인사이트를 도출한다.
③ 데이터를 시각화하고 설득력 있게 전달한다.
④ 데이터에 대한 이론적 지식과 숙련된 분석 기술을 보유한다.

정답 ①

해설 데이터 사이언스트는 데이터에 관한 이론적 스킬과 관련된 하드 스킬과 관련 지식을 통찰력 있게 해석하고 쉽게 설명할 수 있는 소프트웨어 스킬이 있다. 4번 보기는 하드 스킬과 소프트웨어 스킬과 관련이 없다.

7. 빅 데이터가 가치 창출 측면에서 기업, 정부, 개인에 미치는 영향으로 옳지 않은 것은?

① 기업은 빅 데이터를 활용하여 시장 변동을 예측해 비즈니스 모델을 혁신하고 신사업을 발굴할 수 있다.

② 정부는 수집된 데이터를 바탕으로 사회관계망 분석이나 시스템 다이나믹스 등의 분석 방식으로 미래 의제를 도출할 수 있다.

③ 통신사 고객의 위치 정보 활용, 버스 정류장 이용량 분석으로 노선을 만든 심야 올빼미 버스는 정부의 대표적인 빅 데이터 가치창출의 사례이다.

④ 개인은 아직 데이터를 활용할 수 없다.

[정답] ④

[해설] 데이터 분석 비용이 하락하고 있고, 개인도 목적에 따라 데이터 활용이 가능하다.

ex) SNS 인플루언서의 인지도 향상과 관련된 빅 데이터 활용

8. 데이터 마트와 데이터 웨어하우스에 관한 설명으로 옳은 것은?

① 데이터 마트는 기업의 원천(Source)데이터를 가진 큰 규모의 데이터 웨어하우스다.

② 데이터 웨어하우스는 전사적 차원보다는 특정 조직의 업무 분야에 초점을 맞춘다.

③ 데이터 웨어하우스는 데이터가 저장되어 있지만 사용자가 원하는 데이터를 검색할 수 없다.

④ 데이터 웨어하우스와 데이터 마트의 구분은 사용자의 기능 및 제공 범위를 기준으로 한다.

[정답] ④

[해설] 데이터 웨어하우스는 기업의 의사 결정에 도움을 주는 형식 변환 데이터베이스를 말하며, 데이터 마트는 특정 조직의 업무 분야에 초점을 맞춘 작은 규모의 전문적 데이터 웨어하우스라고 볼 수 있다.

단답형

1. 빅 데이터 활용 기법 중 아래 문장처럼 어떤 변수 간에 주목할 만한 상관 관계가 있는지를 찾아내는 방법은?

> 슈퍼마켓에 상관 관계가 높은 상품(맥주와 기저귀)을 함께 진열하여 같이 구매하는지를 분석한다.

[정답] 연관 규칙 학습

[해설] 연관 규칙 학습에 관한 설명이다.

2. 아래 문장에 알맞은 용어는?

> 데이터의 가공 및 상관 관계 간 이해를 통해 패턴을 인식하고 그 의미를 부여한 데이터

[정답] 정보

[해설] 정보에 관한 설명이다.

9. 분석 프로젝트의 특성 관리 영역 중 정확도와 정밀도에 대한 설명으로 옳지 않은 것은?

① 정확도는 True로 예측한 것 중에 실제 True인 비율, 정밀도는 실제 True인 경우에서 True로 예측한 비율이다.

② 정확도는 모델과 실제값의 차이이고, 정밀도는 모델을 지속적으로 반복했을 때 편차의 수준이다.

③ 안정성 측면에서 정밀도가 분석의 활용 측면에서는 정확도가 중요하다.

④ 정확도와 정밀도는 트레이드 오프(Treade-off) 관계가 되는 경우가 많다.

정답 ①

해설 자주 나오는 문제이다. 정확도는 전체 예측에서 옳은 예측의 비율, 정밀도는 예측값이 True인 값 중에 True인 비율이다.

10. 데이터 표준 용어 설정, 명명 규칙 수립, 메타 데이터 구축, 데이터 사전 구축에 해당하는 데이터 거버넌스의 체계 요소는?

① 데이터 관리 체계

② 데이터 저장소 관리

③ 표준화 활동

④ 데이터 표준화

정답 ④

해설 데이터 표준 용어를 설정하는 데이터 거버넌스의 체계 요소는 데이터 표준화이다.

11. 데이터 분석 마스터플랜 수립 시 분석 과제의 우선순위를 결정할 때 고려해야 할 요소로 옳지 않은 것은?

① 전략적 중요도   ② 비즈니스 성과 및 ROI

③ 실행 용이성   ④ 기술 적용 수준

정답 ④

해설 자주 나오는 문제이다. 마스터플랜 수립 시 고려해야 할 요소는 전략적 중요도, 비즈니스 성과 및 ROI, 실행 용이성이다.

12. 아래 빈칸에 알맞은 용어는?

> 상향식 접근법은 기업에서 보유하고 있는 다양한 원천 데이터로부터의 (   )을 통하여 (   )을 얻을 수 있다. 상향식은 디자인 사고 중 (   )에 해당한다.

① 인지, 통찰, 발산

② 발견, 통찰, 발산

③ 지식, 발산, 수렴

④ 통찰, 정보, 수렴

정답 ②

해설 상향식 접근법은 데이터로부터의 발견을 통하여 통찰을 얻을 수 있다. 상향식은 디자인 사고 중 발산에 해당한다.

13. **데이터 마이닝 프로세스에서 모델링 기법에 따라 변수를 정의하고 그 데이터를 소프트웨어에 적용하는 활동을 하는 단계는?**

① 검증

② 데이터 준비

③ 데이터 가공

④ 데이터 마이닝 기법의 적용

정답 ③

해설 데이터 가공 단계에 대한 문제이다.

14. **분석 성숙도 진단 대상이 아닌 것은?**

① 비즈니스 부문

② 서비스 부문

③ IT 부문

④ 조직/역량 부문

정답 ④

해설 분석 성숙도는 비즈니스 평가, 조직 평가, IT 평가에 대한 수준을 도입 → 활용 → 확산 → 최적화로 진단한다.

15. **다음 중 데이터 분석 기획 단계에서 수행하는 주요 과제(Task)로 옳지 않은 것은?**

① 위험 식별

② 프로젝트 범위 설정

③ 필요 데이터의 정의

④ 프로젝트 정의

정답 ③

해설 자주 나오는 문제이다. 데이터 분석 기획 단계에서 수행하는 주요 과제는 비즈니스 이해, 프로젝트 범위 설정, 프로젝트 정의, 프로젝트 계획 수립, 프로젝트 위험 계획 수립이 있다. 필요 데이터 정의는 데이터 준비 단계에서 수행한다.

16. **분석 과제 발굴의 접근 방식에 대한 설명으로 옳지 않은 것은?**

① 디자인 씽킹 프로세스는 상향식 접근법의 확산과 하향식 접근법의 수렴 단계를 반복적으로 수행하게 된다.

② 분석 과제 발굴의 상향식과 하향식 접근법은 실제 분석 과정에서 혼용되어 활용되는 경우가 많다.

③ 데이터를 활용하여 생각하지 못했던 인사이트를 도출하고 시행착오를 통해서 개선하는 상향식 접근법의 유용성이 점차 증가하고 있는 추세이다.

④ 분석해야 할 대상이 확실한 경우 답을 구하는 방식을 상향식 접근법이라 한다.

정답 ④

해설 상향식 접근법은 분석 과제가 주어져 있지 않은 경우 패턴을 도출하는 접근법이다.

단답형

3. 사용자의 기본적인 요구 사항에 따른 모형 시스템을 신속히 개발하여 제공한 후 사용자의 의견을 바탕으로 시스템을 개선하고 보완하는 데이터 분석 모델은?

정답 프로토타입 모델

해설 개선을 목적으로 요구 사항을 신속히 개발하는 분석 모델은 프로토타입 모델이다.

4. 기업의 경영 목표 달성에 필요한 전략적 주요 정보를 포착하고, 주요 정보를 지원하기 위한 전사적 관점의 정보 구조를 도출하며, 이를 수행하기 위한 전략 및 실행 계획을 수립하는 전사적인 종합 정보 추진 계획은?

정답 ISP(Information Strategy Planning)

해설 전사적인, 종합 정보라는 키워드에서 ISP임을 알 수 있다.

3과목 데이터 분석

17. 구축된 모델을 평가하여 과대 적합 또는 과소 적합을 미세 조정하는데 활용되는 데이터는?

① 학습 데이터

② 테스트 데이터

③ 분석 데이터

④ 검증 데이터

정답 ④

해설 미세 조정을 통해 과대, 과소 적합 문제를 예방하는 데이터는 검증 데이터이다.

18. 회귀 분석에 대한 설명으로 옳은 것은?

① 종속 변수들 간에 강한 상관 관계가 나타나는 다중 공선성 문제가 발생될 수 있다.

② 독립 변수의 수가 많아지면 모델의 설명력이 증가하고 모형이 단순해진다.

③ 명목형 변수는 회귀 분석에 더미 변수화하여 사용할 수 없다.

④ 독립 변수와 종속 변수의 사이클 모형으로 나타내고 두 변수 간의 관계를 도출하는 것이다.

정답 ④

해설 회귀 분석은 두 변수 간의 상관 관계가 아닌 인과 관계를 확인하는 분석 방법이다.

19. 모분산 추정에 대한 설명으로 옳지 않은 것은?

① 모분산 추정으로 모집단의 변동성과 퍼짐성을 확인할 수 있다.

② 임의 추출한 n개의 표본에 대한 추정은 자유도가 n-1인 카이 제곱 분포로 추정할 수 있다.

③ 정규 분포를 따르지 않는 분포도 중심 극한 정리에 따라 모분산을 추정할 수 있다.

④ 임의 추출한 두 표본에 대한 검정은 두 분산이 동일한가 확인하는 것으로 t분포로 가능하다.

정답 ④

해설 모분산 추정은 두 개 이상의 표본으로부터 얻은 분산을 사용하여 모집단의 분산을 추정하는 것으로 t 분포가 아닌 f분포로 가능하다.

20. 사회 연결망 분석(Social Network Analysis, SNA)에서 중심성을 파악하는 방법으로 옳지 않은 것은?

① 연결 중심성

② 근접 중심성

③ 매개 중심성

④ 링크 중심성

정답 ④

해설 SNA 중심성 파악 4가지에는 링크 중심성이 아닌, 고유 백터 중심성이 있다.

21. 아래 데이터는 닭의 성장률에 대한 다양한 사료 보충제의 효과를 측정하고 비교하기 위한 사료 유형별 닭의 무게 데이터이다. summary 함수 결과에 대한 해석 중 옳지 않은 것은?

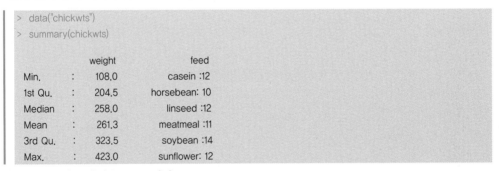

```
> data("chickwts")
> summary(chickwts)

         weight              feed
Min.    :  108.0      casein   :12
1st Qu. :  204.5      horsebean: 10
Median  :  258.0      linseed  :12
Mean    :  261.3      meatmeal :11
3rd Qu. :  323.5      soybean  :14
Max.    :  423.0      sunflower: 12
```

① weight의 중간값은 261.3이다.

② feed의 사료 중 soybean 수가 가장 많다.

③ range(chickwts$weight)의 결과는 108 423이다.

④ feed는 범주형 데이터이다.

정답 ①

해설 weight의 중간값은 Median값으로 258.0이다. Mean은 평균값을 의미한다.

22. 다차원 척도법에 대한 설명으로 알맞은 것은?

① 여러 변수들의 데이터를 서로 상관성이 높은 변수들의 선형 결합으로 만들어 변수들을 요약,

축소하는 기법이다.

② 고차원의 데이터를 저차원 데이터로 축소하는 방법이므로 독립 변수들 간 다중 공선성 문제를 해결할 수 있다.

③ 개체들의 유사성(거리)을 이용하는 점에서 군집 분석과 동일하다.

④ 다차원 척도법에서 비계량적 다차원 척도법은 각 데이터들 간의 유클리드 거리 행렬을 계산하고 개체들 간의 비유사성을 공간상에 표현한다.

정답 ①

해설 다차원 척도법은 주관식 단답형에도 나오는 자주 나오는 문제이다.

23. 혼합 분포 군집 모형에서 최대 가능도와 관련 있는 알고리즘은?

① EM 알고리즘

② K-means

③ K-medoids

④ DBSCAN

정답 ④

해설 자주 나오는 문제이다. 최대 가능도라는 키워드에서 EM 알고리즘임을 알 수 있다. EM의 M을 MAX로 암기해 보자.

24. 다음은 Wage 데이터의 t검정 결과에 대한 해석이다. 분석 결과에 해석으로 옳지 않은 것은?

```
> data("Wage")
> t.test(Wage$wage, mu=100)


        One Sample t-test

data: Wage$wage
t=15.362, df=2999, p-value < 2.2e-16
alternative hypothesis: true mean is not equal to 100
95 percent confidence interval:
  110.2098 113.1974
sample estimates:
mean of x
  111.7036
```

① 한 집단의 평균에 대한 t검정 결과이다.

② 양측 검정 결과를 보여주고 있다.

③ 유의 수준 0.05일 때 귀무가설은 기각되지 않는다.

④ t검정의 자유도는 2999이다.

정답 ③

해설 결과 아래를 보면 95퍼센트 신뢰 구간이 110.2098~113.1974로 귀무가설인 mu=100은 신뢰 구간에 있지 않아 기각된다. 자유도를 구하는 문제도 나온다. 자유도는 df=자유도−1 식에서 3000임을 알 수 있다.

25. 다음은 4개의 데이터 변수를 가진 데이터 프레임 USArrests에 주성분 분석을 적용해서 얻은 결과이다. 제 1 주성분 분석을 구하는 식은?

```
> data (USArrests)
> head (USArrests)
         Murder Assault UrbanPop Rape
Alabama    13.2    236      58 21.2
Alaska     10.0    263      48 44.5
Arizona     8.1    294      80 31.0
Arkansas    8.8    190      50 19.5
California   9.0    276      91 40.6
Colorado    7.9    204      78 38.7

> USA_princomp<-princomp (USArrests, cor=TRUE)
> summary(USA_princomp)
Importance of components:
```

	Comp.1	Comp.2	Comp.3	Comp.4
Standard deviation	1.5748783	0.9948694	0.5971291	0.41644938
Proportion of Variance	0.6200604	0.2474413	0.0891408	0.04335752
Cumulative Proportion	0.6200604	0.8675017	0.9566425	1.00000000

```
> USA_princomp$ loadings
Loadings:
```

	Comp.1	Comp.2	Comp.3	Comp.4
Murder	0.536	0.418	0.341	0.649
Assault	0.583	0.188	0.268	−0.743
UrbanPop	0.278	−0.873	0.378	0.134
Rape	0.543	−0.167	−0.818	

	Comp.1	Comp.2	Comp.3	Comp.4
SS loadings	1.00	1.00	1.00	1.00
Proportion Var	0.25	0.25	0.25	0.25
Cumulative Var	0.25	0.50	0.75	1.00

① 0.536 * Murder + 0.583 * Assault + 0.278 * UrbanPop + 0.543 * Rape

② 0.418 * Murder + 0.188 * Assault − 0.873 * UrbanPop − 0.167 * Rape

③ 0.341 * Murder + 0.268 * Assault + 0.378 * UrbanPop − 0.818 * Rape

④ 0.649 * Murder − 0.743 * Assault + 0.134 * UrbanPop + Rape

정답 ①

해설 Comp.1에 결과값을 각 주성분에 곱하여 모두 더하면 제 1주성분 분석을 구할 수 있다.

26. 연관 분석에 대한 설명으로 옳지 않은 것은?

① 조건 반응(if-then)으로 표현되어 결과를 이해하기 쉽다.

② 너무 상세한 세분화는 의미 없는 분석이 되어 적절한 품목 세분화가 필요하다.

③ 거래량이 적은 품목은 거래 수가 적어 발견 시 제외가 필요하다.

④ 시차 연관 분석은 원인과 결과로 해석되지 않는다.

정답 ④

해설 연관 분석은 원인과 결과로 해석된다.

27. 인공 신경 모델에 대한 설명 중 옳지 않은 것은?

① 인간 두뇌의 학습 과정을 뉴런과 시냅스의 상호 작용 연산 과정으로 간주하고 이를 재현한 분류, 예측 모델이다.

② 복잡한 비선형 관계 모델링과 대용량 데이터 처리 등의 장점이 있다.

③ 은닉층 노드와 뉴런 수는 자동으로 설정되며 은닉층이 많을수록 예측력이 우수하다.

④ 모델 해석이 어렵고(블랙박스) 초기 가중치 설정이 어렵다.

정답 ③

해설 은닉층 노드와 뉴런의 수는 모델의 복잡성과 성능에 따라 수동으로 조정해야 한다.

28. 5개의 관측치를 가진 데이터 세트에서 각 관측치 사이의 유클리드 거리를 계산한 행렬이다. 최단 연결법으로 계층적 군집 분석을 사용할 때 첫 번째 단계에서 형성되는 군집과 a와의 거리는?

	a	b	c	d
a	3.2			
b	3.6	5.4		
c	3.2	2.8		
d	5.0	3.0	5.1	2.2

① 2.2 ② 3.2
③ 3.6 ④ 5.0

정답 ②

해설 a와의 최단 연결법의 데이터 거리 계산 시 가장 짧은 거리를 찾는다. 최단 거리는 d와 e의 2.2를 군집으로 묶고, a와의 거리를 최소 거리를 다시 본다. d와 a와의 거리는 3.2와 5.0중 짧은 3.2를 선택하여 계산할 수 있다.

29. 신경망 모델에서 입력받은 데이터를 다음 층으로 어떻게 출력할지 결정하는 함수는?

① 로짓 함수 ② 오즈비 함수
③ CHAID 함수 ④ 활성화 함수

정답 ④

해설 입력받은 데이터를 다음 층으로 어떻게 출력할지 결정하는 함수는 활성화 함수이다.

30. 통계적 가설 검정에 대한 설명 중 적절하지 않은 것은?

① 사실인 귀무가설을 기각했을 때 발생하는 오류를 제1 종 오류라 한다.

② 사실이 아닌 귀무가설을 채택할 때 발생하는 오류를 제2 종 오류라 한다.

③ 귀무가설이 사실일 때 이 귀무가설을 기각함으로써 발생하는 오류를 유의 수준이라 한다.

④ p-value(유의 확률)이 작을수록 귀무가설을 지지하는 것으로 해석한다.

정답 ④

해설 p-value가 유의 수준보다 작다면, 귀무가설을 기각하는 것으로 해석한다.

31. 텍스트 마이닝에 대한 설명으로 옳지 않은 것은?

① 텍스트 데이터로부터 의미 있는 정보를 추출하고 이해하기 위한 기술이다.

② 텍스트 데이터에서 패턴, 트랜드, 감성 등을 파악하고 분석할 수 있다.

③ 구조가 불명확하거나 스키마가 없는 비정형 텍스트가 분석 대상이다.

④ 평가 지표로 재현율과 정밀도를 사용할 수 없다.

정답 ④

해설 텍스트 마이닝에서 재현율과 정밀도 같은 지표를 사용할 수 있다.

32. 사회 연결망 분석에서 연결망을 표현하는 분석 방법으로 옳지 않은 것은?

① 네트워크 그래프

② 클러스터링

③ 영향력 분석

④ k-mean

정답 ④

해설 k-mean은 사회 연결망 분석(SNA)이 아닌, 클러스터링 분석 기법이다.

33. 데이터 탐색 단계에서 고려해야 할 사항으로 가장 적절하지 않은 것은?

① 결측값을 확인하고 결측값이 있을 경우 제거하는 것이 바람직하다.

② 데이터의 분포를 파악하여 변수들 간의 관계를 이해한다.

③ 변수들 간의 상관 관계나 연관성을 분석하여 유의미한 변수를 식별하거나 다중 공선성을 확인한다.

④ 데이터의 일관성을 검토하여 이상값이나 잘못된 값이 있는지 확인한다.

정답 ①

해설 중복 문제이다. 결측값 처리는 무조건 제거하는 것이 아니라, 상황에 맞게 대체, 삭제를 결정한다.

34. 부트스트랩을 통해 한 샘플이 뽑힐 확률이 1/d라고 했을 때, 샘플 추출을 d번 진행하였을 때 어떤 샘플이 한 번도 뽑히지 않을 확률은?

① $(1-1/d)^d$

② $1-1/d$

③ $(1-1/d)/d$

④ $1+1/d$

정답 ①

해설 한 번의 추출에서 샘플이 뽑히지 않을 확률이 $1-1/d$이므로, d번의 추출에서 한 번도 뽑히지 않은 확률은 $(1-1/d)^d$로 계산할 수 있다.

35. 시계열 모델에 대한 설명으로 옳은 것은?

① 현재와 과거 자신의 오차 관계를 정의하는 모형을 자기 회귀 누적 이동 평균 모델(ARIMA)이

라고 한다.

② 현재 자료를 과거의 백색 잡음의 선형 결합으로 나타내는 모형을 자기 회귀 모델(AR)이라고 한다.

③ 이동 평균 모델(MA)은 정상성을 만족하기 위한 조건이 필요하다.

④ 계절성을 갖는 정상 시계열은 계절 차분을 이용해 비정상 시계열로 바꿀 수 있다.

정답 ③

해설 이동 평균 모델은 현시점의 유한 개의 백색 잡음을 선형 결합으로 표현한 것으로 항상 정상성을 만족하기 때문에 조건이 필요없다.

36. 텍스트 마이닝에 대한 설명으로 옳지 않은 것은?

① 텍스트 데이터를 분석하고 정보를 추출하기 위한 기술을 의미한다.

② 텍스트 데이터의 정제 및 전처리 과정을 수행한다.

③ 긍정, 부정, 중립적인 의견을 판별하거나, 감정의 강도를 측정하는 등의 분석이 가능하다.

④ 비구조화된 텍스트에서 구조화된 데이터로 변환하는 방법을 코퍼스라 한다.

정답 ④

해설 ③번 보기의 코퍼스는 변환 방법이 아닌 비구조화된 텍스트의 모음이다.

37. 다중 공선성에 대한 설명으로 옳지 않은 것은?

① 표본수가 증가해도 VIF에서 결정 계수는 크게 변하지 않는다.

② 다중 공선성 문제를 해결하기 위해 중요하지 않은 변수를 제거한다.

③ 분산 팽창 요인(VIF)을 구하여 이 값이 10을 넘으면 다중 공선성의 문제가 있는 것으로 판단한다.

④ 다중 공선성이 발생하는 독립 변수들은 표본의 크기가 관계없이 발생하게 된다.

정답 ①

해설 다중 공선성은 표본의 크기가 커질 경우 영향을 주는 상관 관계에 따라 나타나는 문제이다.

38. ARMA(2,0)에 대한 설명 중 옳지 않은 것은?

① PACF는 절단되고 ACF는 증가한다.

② 자기 회귀 이동 평균 모형으로, 시계열 데이터를 모델링하는데 사용된다.

③ 2차 자기 회귀항(AR)만을 포함하고 이동 평균항(MA)은 포함하지 않는 모델이다.

④ 현재 시점의 값이 과거 2개의 값을 이용하여 자기 회귀적으로 예측된다는 의미이다.

정답 ①

해설 ARMA(2,0)은 자기 회귀(AR) 구성 요소만을 가지고 있으며, 이동 평균항은 포함하지 않는 모델이다. PACF가 0으로 절단되는 것은 맞으나 ACF가 지속적으로 감소하게 되는 특징을 가진다.

39. 다음 중 회귀 분석에서 모형의 설명력을 확인하기 위해 사용되는 결정 계수의 특성으로 옳지 않은 것은?

① 결정 계수는 -1~1사이에 값을 갖는다.
② 높은 값을 가질수록 측정된 회귀식의 설명력이 높다.
③ 총 변동에서 추정된 회귀식에 의해 설명되는 변동의 비율로 나타낼 수 있다.
④ 종속 변수의 변동 중 독립 변수로 설명되는 비율을 나타낸다.

정답 ①

해설 회귀 분석의 결정 계수는 0부터 1까지의 범위를 가진다.

40. 회귀 분석에서 유의성 검정을 위한 분산 분석표의 설명으로 옳지 않은 것은?

① 오차항의 분산 불편 추정량은 MSR값이다.
② 변동 요인은 종속 변수의 변동을 설명하는 요소들을 나타내며 회귀식, 오차 등으로 구분 표기한다.
③ 자유도는 해당 변동의 추정에 사용된 독립적인 정보의 수를 나타낸다.
④ 평균 제곱은 각 변동의 제곱함을 해당 변동의 자유도로 나눈 값으로, 해당 변동의 분산 추정 치이다.

정답 ①

해설 분산 분석표에서 오차항의 분산 불편 추정량은 MSE이다. MSR은 회귀 모델의 설명력에 대한 추정량이다.

단답형

5. 아래에서 설명하는 인공 신경망 알고리즘은?

> 대뇌 피질 중 시각 피질의 학습 과정을 모델화한 인공 신경망으로 입력 벡터를 훈련 집합에서 일치되도록 가중치를 조정하는 비지도 학습의 한 방법이며, 이러한 특성으로 군집화, 차원 축소, 시각화 등에 활용되며, 코호넨(Kohonen) 네트워크에 근간을 두고 있다.

정답 자기 조직화 지도(SOM)

해설 자기 조직화 지도(SOM)에 관한 문제이다.

6. 아래는 덴드로그램의 결과이다. Height가 60일 때 군집의 수는?

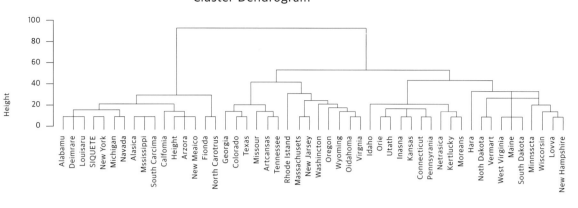

정답 3개

해설 문제에서 요구하는 높이가 60에 직선을 그었을 경우, 총 3개의 군집으로 분류된다.

7. 재표본 과정에서 각 자료에 동일한 확률을 부여하지 않고, 분류가 잘못된 데이터에 더 가중을 주어 표본을 추출하는 분석 기법은?

정답 부스팅

해설 잘못된 데이터에 더 가중을 주는 분석 기법은 부스팅이다.

8. 아래의 오분류표를 이용하여 F1-Score 값을 구하시오.(단, 가로:실제값, 세로:예측값)

	True	False	합계
True	30	70	100
False	60	40	100
합계	90	110	200

정답 0.315

해설 F1-Score를 구하기 위해서는 정밀도와 재현율을 알아야 한다.

정밀도는 TP/(TP+FP)=30/(30+70)=3/10이고, 재현율은 TP/(TP+FN)=30/(30+60)=1/3이다.

F1-Score=2*(정밀도*재현율)/(정밀도+재현율)로 구할 수 있다.

이는, 2*(3/10*1/3)/(3/10+1/3)=0.315이다.

9. 아래 빈칸에 알맞은 용어는?

> (   )는 관측된 종속 변수값과 회귀식을 통해 예측된 종속 변수값 사이의 차이를 의미한다.
> (   )는 회귀 모델이 관측 데이터를 얼마나 잘 설명하는지 못하는지를 나타내는 측정값으로, 모델의 적합도를 평가하는 중요한 지표이다.

정답 잔차

해설 과거 자주 나오는 문제이다. 잔차는 예측값과 실제값의 차이를 의미하며, 모델의 적합도를 평가하는 중요한 지표이다.

10. 아래 거래 데이터에서 연관 규칙 '기저귀 → 맥주'의 향상도는?

거래번호	구매상품
1	기저귀, 맥주, 빵
2	기저귀, 맥주
3	기저귀, 빵, 음료수
4	빵, 음료수, 커피

정답 6/8

해설 향상도를 구하기 위해 먼저 지지도를 구한다.

지지도=P(기저기 n 맥주)=기저귀와 맥주 모두 포함/전체=2/4이다.

향상도=P(기저기 n 맥주)/(P(기저기)*P(맥주))=0.5/(0.75*0.5)=8/6이다.

세상에서 가장 쉬운 알짜배기
데이터 분석 준전문가(ADsP) 합격 비법서

초판 1쇄 발행 2024년 9월 5일

지은이 서영광
펴낸이 양진화
책임 편집 김종수
펴낸곳 (주)교학도서
공급처 (주)교학사

등록   2000년 10월 10일 제 2000-000173호
주소   서울 마포구 마포대로 14길 4
대표 전화 02-707-5100
편집 문의 02-707-5271
영업 문의 02-707-5155
전자 우편 kcs10240@hanmail.net
홈페이지 www.kyohak.co.kr

ISBN 979-11-89088-37-8 13000